Im Land der Träume

Der Autor

Ingo Michael Simon ist Heilpraktiker für Psychotherapie und Hypnosetherapeut. Mit Hilfe hypnosegestützter Psychotherapie behandelt er vor allem Menschen mit anhaltenden psychischen Leiden. Angststörungen aller Art und psychosomatische Erkrankungen bilden den Schwerpunkt seiner Praxistätigkeit. Zu seinen therapeutischen Angeboten gehören hauptsächlich klassische und moderne Hypnoseanwendungen, somato-emotionale Psychotherapie und geführte Trancereisen durch die Welt des von ihm entwickelten TRAUMLANDES als innere Repräsentanz der Emotionen.

Ausbildungskurse

Ingo Michael Simon bietet regelmäßig Ausbildungskurse zu verschiedenen Hypnoseformen von der klassischen Suggestionshypnose bis zu modernen Visualisierungstechniken und natürlich zu der von ihm selbst entwickelten TRAUMLANDTHERAPIE an. Aktuelle Informationen, Angebote und Termine finden Sie auf *www.praxissimon.de*.

Im Land der Träume

Fantasiereisen für Erwachsene

Band 4

Ingo Michael Simon

Im Land der Träume
Fantasiereisen für Erwachsene 4

© 2014 - I. M. Simon

© 2014 Ingo Michael Simon
Herstellung und Verlag:
BoD - Books on Demand, Norderstedt
ISBN: 978-3-7322-8572-3
Covergestaltung: Magic Merlin

Kontakt zum Autor:

http://www.traumlandtherapie.de
http://www.praxissimon.de

Wichtiger Hinweis
Die Inhalte dieses Buches beruhen auf den praktischen Erfahrungen des Autors mit Hypnoseanwendungen und Psychotherapie im Zustand der Trance. Obwohl sich der Autor um größtmögliche Sorgfalt bemüht hat, können Fehler oder Missverständnisse in der Darstellung nicht vollkommen ausgeschlossen werden. Die therapeutische Arbeit mit Menschen sowie die Anwendung der Hypnose obliegen ausschließlich der Verantwortung des Hypnotiseurs. Es kann nicht ausgeschlossen werden, dass Teile dieses Buches falsch verstanden werden oder die Anwendung eines vorgestellten Verfahrens eine ungewünschte Reaktion beim Klienten bewirken kann. Eine Mitverantwortung des Autors besteht auch dann nicht, wenn unter Hinweis auf die Ausführungen dieses Buches mit einem Klienten gearbeitet wird.

Inhaltsverzeichnis

Chora'Ana
Institut

Ausbildung, Beratung & Gesundheit

Chora' Ana ist ein Ort der Unterstützung, Kräftigung und Begegnung, der achtsamen Kompetenz und des Wirkens. Wir bringen für Sie Berater, Ausbilder und Therapeuten aus ganz Europa zu Veranstaltungen an *einen* Ort ... mitten ins Zentrum von Saarbrücken!
Finden Sie bei uns Ihre Wunschausbildung oder das für Sie passende Beratungs- und Therapieangebot ... oder mieten Sie bei uns Ihren Raum und bringen auch *Ihre* Angebote an Beratung, Therapie und Ausbildung nach Saarbrücken!
Sie finden hier Räume mit Wohlfühlfaktor und eine prachtvolle Adresse, um Ihre Kompetenzen in der besten Form zur Wirkung zu bringen. Unsere Behandlungs- und Beratungsräume eignen sich besonders für den alternativ-gesundheitlichen Bereich. Von Business bis Alternativ, ganz gleich was Sie tun ... Sie dürfen sich bei aller Konzentration auch wohlfühlen. Wenn Sie nach einem Arbeitstag unsere Räume verlassen, darf es mit einem Lächeln sein.

Institut Chora' Ana
Bahnhofstraße 38 - 66111 Saarbrücken
Telefon 0681 / 910 31 667
www.Leben-Wissen-Gesundheit.de

Vorwort

Die von mir entwickelte TRAUMLANDTHERAPIE ist eine Form der Begleitung und Behandlung für Menschen, die in schwierigen Lebensphasen oder im Umgang mit Krankheiten alternative Hilfe suchen. Als Heilpraktiker für Psychotherapie arbeite ich vor allem mit Klienten, die unter schweren Angstzuständen leiden oder von Zwängen und anderen neurotischen Störungen betroffen sind. In den letzten Jahren der intensiven Auseinandersetzung mit tieferen Zugangsmöglichkeiten zu den verdrängten Emotionen meiner Klienten, die ich vor allem für sie selbst erfahrbar und verstehbar machen möchte, habe ich die spezielle Vorgehensweise der Traumlandreisen entworfen und kontinuierlich weiter entwickelt. Die Tagtraumreisen oder Fantasiereisen im und durch das Land der Träume können dabei in einer einfachen Form zur Entspannung und zum Abbau von Stressbelastungen eingesetzt werden, in der therapeutischen Version können damit mentale Probleme und psychische Störungen bis hin zu schweren krankhaften Psychosyndromen therapiert werden. Meine Erfahrung hat gezeigt, dass auch die begleitende Behandlung körperlicher Erkrankungen und die Therapie des psychischen Anteils der Krankheiten im Sinne einer psychosomatischen Psychotherapie von den Fantasiereisen der Traumlandtherapie profitieren. Da ich seit Jahren Texte für Hypnose- und Trancetherapeuten veröffentliche und immer wieder Anfragen zu der therapeutischen Version der Traumlandreisen erhalte, habe ich die Homepage der Traumlandtherapie überarbeitet. Auf *www.traumlandtherapie.de* gibt es Hörproben und Ausbildungsangebote und natürlich auch die Möglichkeit, Termine in meiner Praxis zu vereinbaren. Ich wünsche allen Therapeuten und Beratern, allen kranken und leidenden Menschen, aber auch allen, die sich aus anderem Grund für diese Fantasiereisen interessieren, dass sie im Land der Träume sich selbst neu und anders begegnen können und Befreiung und Zufriedenheit finden.

Ingo Michael Simon
Mai 2014

Die Traumlandtherapie

Die Arbeit mit Fantasiereisen (Trancegeschichten) ist älter als die Hypnosetherapie. Märchen und Erzählungen haben eine besondere Bedeutung, die in allen Kulturen der Welt weitgehend gleich ist. Sie werden erzählt, um Angst zu vertreiben, um Ruhe zu finden und um den Kindern etwas Lehrreiches mit auf den Weg zu geben. Verpackt in eine Geschichte soll auf Gefahren aufmerksam gemacht werden, sollen Moral und Tugend aufgebaut und gefördert werden und nicht zuletzt sollen böse Geister vertrieben werden. Im Grunde genommen geht es in Märchen immer um etwas Heilsames. Viele Therapeuten wehren sich sicherlich bei der Behauptung, dass eine Fantasiereise ein Märchen sei. Das hat wahrscheinlich damit zu tun, dass der Fantasiereise oder Trancegeschichte eine therapeutische Absicht anhaftet, was bei den Kindermärchen nicht der Fall ist. Dennoch wirkt das gleiche Prinzip. Unsere Vorstellungskraft wird gefordert. Wir versetzen uns beim Anhören immer in das Märchen oder eben in die Trancegeschichte hinein. Dabei spielt es keine Rolle, ob wir die Geschichte interessant oder albern finden. Wir gehen automatisch in die verschiedenen Figuren und Rollen hinein und machen uns ein Bild davon, was wir wohl selbst tun würden in der einen oder anderen Situation. Märchen beinhalten meistens Elemente, die nicht realistisch sind. Zauberei, Magie oder Wesen, die uns im Alltag nicht begegnen, spielen hier oft eine Rolle. Gleichzeitig ist der Kern der Geschichte doch immer sehr realistisch und gibt Anknüpfungspunkte zu unserem Leben. Die vermittelte Botschaft ist meistens eine Aufforderung, sich gut und ehrbar zu verhalten. Darauf verzichtet Therapie natürlich. Es geht ja nicht darum, einen moralisch guten Menschen zu erziehen, sondern Symptome zu lindern. Es ist jedoch das gleiche Prinzip. Fantasiereisen können Elemente oder Abläufe enthalten, die zauberhaft oder märchenhaft sind. In meinem Buch *Wellen am Horizont* gibt es beispielsweise eine Geschichte, bei der es um einen Freiheitsflug geht. Bei einer Fantasiereisen geht das einfach, indem wir die Arme ausbreiten und fliegen. In der Fantasie ist das kein Problem. Wer kennt nicht diese Fantasien, fliegen zu können, zaubern zu können? Gleichzeitig geht es aber auch um ganz reale Probleme oder im Falle der Behandlung von

Krankheiten auch um Symptome. Das Problem des Klienten wird in eine Geschichte verpackt, die ein symbolisches Spiegelbild der Thematik ist. Das wird intuitiv verstanden, so wie wir Metaphern und Vergleiche sehr leicht verstehen. Die von mir entwickelte Traumlandtherapie arbeitet mit ganz speziellen Märchen, genau genommen mit einer Märchenwelt, die der Klient selbst mit Leben füllt. Im Unterschied zu vielen anderen Trancegeschichten oder Fantasiereisen gibt es hier keinen vorgezeichneten Handlungsablauf und - zumindest bei den Fantasiereisen für Erwachsene - nur selten Figuren, denen ich Worte in den Mund lege. Meistens ist der Klient alleine im Land der Träume unterwegs und erkundet seine Emotionen und Bilder seiner Erinnerungen, um neue Wege zu finden. Manchmal trifft er auch Figuren, die in seiner Fantasie von alleine anfangen zu sprechen, ohne dass ich Inhalte oder Worte vorgebe. Die Traumlandreisen sind so aufgebaut, dass verdrängte Gefühle und Ereignisse wiederbelebt werden und auf einer tiefen Gefühlsebene verstanden und verarbeitet werden. Daher kommt die Traumlandreise auch ohne direkte oder verklausulierte Zielsuggestionen aus. Ziele und Wege findet der Klient im Land der Träume selbst. Es handelt sich also weniger um eine tatsächliche Geschichte als um eine Reise durch die eigenen Emotionen. Dabei kann der Zuhörer mehrfach die Perspektive wechseln und seine Probleme von verschiedenen Seiten her betrachten. Im Verlauf der Trancereise kann er außerdem Lösungswege ausprobieren und seine eigene Kreativität und innere Heilkraft wecken. Trancereisen regen immer zum Denken und Fühlen an, können praktisch keinen Schaden anrichten und sind leicht verfügbar. Mit etwas Fantasie können wir uns täglich neue Trancereisen ausdenken und sie unseren Klienten in der Beratung oder in der Therapie anbieten. Wenn sie sich für die Traumlandtherapie interessieren und diese gerne selbst erlernen möchten, besuchen sie mich doch einfach einmal auf meiner Homepage und informieren sich über aktuelle Kursangebote zur Traumlandtherapie auf *www.traumlandtherapie.de.*
Ich werde häufig auf meine Fantasiereisen angesprochen. In meinen Ausbildungsgruppen und von meinen Klienten höre ich immer wieder, dass die Geschichten sehr berührend sein können. Ich werde dann sehr oft gefragt, worauf denn zu achten sei beim Formulieren einer Fantasie-

reisen, um Schäden beim Klienten zu vermeiden. Natürlich gibt es gute und weniger gute Trancereisen. Doch sorgen sie sich nicht. Sie schaden ihrem Klienten nicht mit einer Geschichte, auch nicht mit einer visualisierten Reise durch seine Emotionen und Gedanken. Doch ich kenne schon das nächste Argument: Was helfen kann, kann auch schaden. Wer hilft, verändert ja etwas. Also kann auch eine negative Veränderung eintreten. - Ich bleibe stur! Fantasiereisen sind ungefährlich. Wir geben unseren Klienten Raum, da zu sein und sich zu öffnen. Ich versichere ihnen, dass das Gegenteil viel dramatischer ist: Schweigen, Ablenken und nicht darüber reden oder nicht einmal an die Probleme denken. Das führt zu einem immer größer werdenden inneren Druck, der die Problematik verschlimmert. Ich verzichte auf eine theoretische Erklärung der Wirkungsweise von Fantasiereisen und darüber, welche Wörter man benutzen oder lieber weglassen sollte, wenn man solche Geschichten schreibt oder frei formuliert. Probieren Sie die Tagträumereien einfach einmal aus und versuchen Sie doch einmal nach einiger Zeit, selbst eine Fantasiereise zu schreiben. Sie werden sehen, dass es vor allem auf die liebevolle und zärtliche Grundhaltung beim Formulieren und beim Lesen oder Sprechen ankommt, auf Respekt und ehrliche Akzeptanz. Das ist dann schon mehr als genug, um eine gute und auch therapeutische Wirkung zu erzielen.

Die Fantasiereisen der Traumlandtherapie folgen jedoch einem klaren Aufbau, den ich im Verlauf meiner Praxistätigkeit entworfen und weiterentwickelt habe. Das hat vor allem damit zu tun, dass es sich in meiner Arbeit überwiegend um Therapie handelt und eine klare Struktur den Ablauf der Sitzung erleichtert. In der direkten Arbeit mit meinen Klienten lese ich nie einen Text ab, sondern formuliere alle Fantasiereisen oder Hypnosetexte frei und individuell. Doch es wäre nicht sehr professionell, einfach drauf los zu erzählen. Unsere Klienten brauchen in der Regel etwas Zeit, um von Alltagsgedanken Abstand zu nehmen und sich auf das Fantasieren und Visualisieren einzustellen. Außerdem geht es ja nicht um freie Assoziation des Klienten sondern um die Konfrontation mit Themen und Eigenanteilen. Ein klarer Aufbau, der die innere Schrittfolge von Erkennen, Verstehen und Verändern berücksichtigt, bietet sich daher dringend an. Bereits die Rückmeldungen zu den ersten

Bänden meiner Buchreihe *Zehn Hypnosen* hatten gezeigt, dass der Bedarf an therapeutischen Texten hoch ist. Ich habe bereits früher Fantasiereisen in Büchern veröffentlicht, gehe mit dieser neuen Buchreihe nun aber dazu über, den Aufbau der Reisen deutlicher zu strukturieren und damit für die Leser nachvollziehbar zu machen. Die einzelnen Abschnitte sind daher jeweils am Anfang mit einem kursiv gedruckten Hinweis versehen, der klarstellt, welche therapeutische Funktion der betreffende Textteil hat. Folgende Schritte gehören zu einer therapeutischen Fantasiereise des Traumlandes:

1. Hinführung zum Thema (Themeninput)
2. Ankommen im Land der Träume
3. Distanzierung vom Bewussten
4. Bewusstseinsreinigung
5. Konfrontation und Klärung
6. Schritt in die Gegenwart
7. Kreative Neuausrichtung
8. Selbstversöhnung
9. Achtsamkeit und Selbsttreue

Die Hinführung zum Thema sollte immer möglichst nah am tatsächlichen Erleben und an der Geschichte des jeweiligen Klienten formuliert werden. Ich habe diesen Abschnitt am Anfang jeder Trancereise kursiv gedruckt und in Klammern gesetzt. Entscheiden sie selbst, ob sie diese Einleitung so übernehmen oder eine individuelle Hinführung benutzen. Ich habe darauf geachtet, alle Textteile so zu formulieren, dass sie auch ohne Anpassung und Umformulierung benutzt werden können. Wenn sie mit einem Klienten in mehreren Sitzungen arbeiten, empfehle ich die Abschnitte *Ankommen im Land der Träume, Bewusstseinsreinigung, Schritt in die Gegenwart* und den letzten Abschnitt, *Achtsamkeit und Selbsttreue,* ab der zweiten Sitzungen immer sehr ähnlich zu halten. Diese Schritte gelten als Fixpunkte für den Klienten, der in jeder Reise einen unterschiedlichen Schwerpunkt seines Themas bearbeitet und sich an dem verlässlichen Gerüst dieser Abschnitte festhalten kann. Er erkennt das Land der Träume an diesen „Stationen" immer wieder als die Plattform seiner inneren Auseinandersetzung mit sich selbst. So kann der Klient in jeder Sitzung ein sehr unterschiedliches und sich stark veränderndes Land der Träume erleben, gleichzeitig aber vertraute und ihn führende Elemente wieder erkennen. Die jeweils erste Fantasiereise dient als Grundversion, die dem Zuhörer das Land der Träume und das Grundprinzip der verdrängten Gefühle erklärt. Daher weicht der Aufbau der ersten Sitzung von der typischen Schrittfolge, die ich gerade erläutert habe, ab. Eine Tranceeinleitung oder Induktion ist nicht erforderlich. Fantasiereisen führen ganz von selbst in einen Entspannungszustand, der einer Therapietrance entspricht. Dieser Zustand ist vollkommen ungefährlich. Lassen sie ihrem Klienten am Ende der Reise etwas Zeit zum Wachwerden und helfen sie etwas dabei. Auch hierzu ist keine klassische Tranceausleitung notwendig, kann aber verwendet werden. Ich habe eine „Ausleitung" an das Ende jeder Reise gehängt.

Für jedes Buch dieser Reihe wähle ich zwei verschiedene Themen aus, zu denen ich jeweils fünf Fantasiereisen schreibe, die als Sitzungsfolge verstanden werden können. Die Reihenfolge und die Vorgehensweise der fünf Fantasiereisen sind so gewählt, dass sie als Therapeut mit einem Klienten in der Schrittfolge der Traumlandtherapie fünf aufeinander folgende Sitzungen gestalten können. Wenn sie die Reisen für sich selbst nutzen wollen, nehmen sie sich einfach die fünf Reisen als Audiodatei auf und hören sie sich diese an. Nutzen sie jede Aufnahme für die Dauer einer Woche und hören sie diese täglich an. Spüren sie dann selbst die Wirkung. Denken sie bitte auch daran, dass selbst gesprochene Fantasiereisen nicht die Behandlung durch einen Arzt oder Heilpraktiker ersetzen. Die einzelnen Fantasiereisen bauen jedoch nicht inhaltlich aufeinander auf, das ist auch in meiner Praxis nicht so. Der Zuhörer muss nicht die zweite gehört haben um die dritte zu verstehen. Es können also auch einfach einzelne Reisen, die ihnen gut gefallen, in der Praxis benutzt werden. Alle Texte sind leicht zu verstehen, auch ohne jede Vorkenntnis. Sie wollen wissen, welchem Grundverständnis die Traumlandtherapie folgt? Nichts einfacher als das. Lesen sie einfach eine Grundversion (Erste Sitzung). Dann wissen sie alles, was wichtig ist. Sie müssen nicht danach suchen. Sie werden sehen, dass sich die Traumlandtherapie selbst erklärt.

Sexueller Missbrauch durch Priester

Erste Sitzung (Grundversion)

[Du dachtest damals, Priester (Geistliche) wären immer gut oder müssten zumindest gottesfürchtig und rechtschaffen versuchen zu leben. Doch du hast es dann anders erlebt. Du hattest dem Priester (Geistlichen) damals vertraut. Dann hat er dir Schmerzen zugefügt, hat dich zu Dingen gezwungen, die du nicht verstehen konntest. Doch es war niemand da, dem du davon erzählen konntest oder niemand, der dir geglaubt hatte. Das war zuviel für ein Kind. Du hast durchgehalten, doch du musstest dich selbst immer wieder abschalten, um es ertragen zu können, um die Schmerzen und die Demütigung aushalten zu können. Du wurdest von ihm sexuell missbraucht. Vielleicht hast du Gott um Hilfe angefleht oder deinen Glauben an ihn dabei verloren. All das konnte nicht zu deiner Vorstellung von guten Menschen passen, du dachtest, dass dich diejenigen, die dich lieben, beschützen müssten, dass sie es sehen oder erkennen müssten. Vielleicht haben sie es sogar erkannt und dir nicht geglaubt. Du warst alleine. Doch heute ist es anders. Heute erlebst du einen neuen Weg der Aufarbeitung und der Befreiung.]

Ankommen im Land der Träume. Irgendwo in deiner Fantasie gibt es ein ganz besonderes Land … … ein Land, in dem du Zuflucht finden kannst … … in dem nur du bestimmst, was sein darf … … ein Land des Friedens und der Freiheit … … der Sicherheit und Geborgenheit … … das Land deiner Träume … … Was auch immer du verloren hast in deinem Leben … … was auch immer dir gefehlt hat … … wonach du vergeblich und verzweifelt gesucht hast … … Hier findest du alles, was du brauchst, um befreit und glücklich zu leben … … Hier findest du alles, was du brauchst, um Heilung zu erfahren … … denn hier findest du immer dich selbst … … Also gehst du los, in deinen Gedanken und in deiner Fantasie machst du dich auf die Reise … … Du gehst in das Land der Träume … …

Der heilsame Weg. Das Land der Träume liegt tief in deiner eigenen Kreativität und Vorstellungskraft, doch Fantasie und Wirklichkeit liegen ganz nah beieinander … … manchmal können beide nicht voneinander unterschieden werden ... ... Du kannst das Land der Träume in Bildern und Farben erleben ... ... oder als Gedanken und Klänge ... ... Du hörst im Hintergrund das Geräusch von sprudelndem Wasser und die Melodie des Traumlandes ... ... und damit entsteht vor deinem inneren Auge die Vorstellung von Natur oder einem ganz natürlichen Zustand und gleichzeitig eine angenehme Entspannung, ein Zustand der inneren und äußeren Leichtigkeit ... ... schwerelos und weit entfernt von allem, was in deinem Alltag wichtig sein kann ... ... Mit der Natur verbunden warst du von Anfang an, denn du bist Teil der Natur und ein Teil der Schöpfung ... ... und mit deiner Geburt wurden dir die menschlichen Bedürfnisse nach Liebe und Zuneigung mitgegeben ... ... Bedürfnisse, die alle Menschen haben, ein Leben lang ... ... Das Plätschern des Wassers und das Zwitschern der Vögel erinnern dich an den morgendlichen Sonnenaufgang und damit an die Selbstverständlichkeit der Natur und der angeborenen Bedürfnisse ... ... Doch in unserem Leben verläuft nicht alles so selbstverständlich wie es die Natur vorgesehen hat ... ... denn die Schöpfung hat den Menschen eine Eigenschaft angeboten, die uns davon abhalten kann, im Einklang mit unserer eigenen Natur zu leben ... ... diese Eigenschaft oder Eigenart besteht darin, über unsere eigene Vergangenheit nachdenken zu können und uns zu überlegen, wie unser Leben heute sein könnte, wenn früher alles anders gewesen wäre ... ... Wir können mit unserer Vergangenheit hadern ... ... Tiere können sich auch erinnern, können ebenfalls aus Vergangenem lernen, doch sie denken niemals darüber nach, welchen Einfluss die Vergangenheit auf das Heute hat ... ... Sie fragen nicht danach, wie ihr Leben in der Gegenwart sein könnte, wenn sie in der Vergangenheit andere Erfahrungen gemacht hätten ... ... Menschen aber tun das, wir denken darüber nach und hadern dabei oftmals mit dem, was wir erlebt haben ... ... fühlen uns vom Schicksal betrogen oder schlecht behandelt ... ... Der freie Wille ist nicht nur die Fähigkeit, eine Entscheidung darüber zu treffen, was wir wollen, was wir sagen oder tun ... ... Der freie Wille ist auch die uns offen stehende Möglichkeit, unsere eigene Geschichte anzunehmen und zwar so, wie sie war, denn ändern können wir sie nicht mehr, auch Besprechen und Bearbeiten des Vergangenen kann die Vergangenheit nicht mehr beeinflussen ... ... Annehmen unserer eigenen Geschichte bedeutet dann auch, aus ihr zu lernen und dann in unserer Gegenwart zu leben ...

… Die Gegenwart ist die einzige Zeit, in der wir wirklich leben können … … wir können sie gestalten, müssen überhaupt nichts akzeptieren und laufen lassen … … Wir können handeln, mit all unseren Erinnerungen, die schmerzhaft sein können, doch immer auch helfen können, zu reifen und zu wachsen … … Wir können aus freiem Willen heraus darauf verzichten, mit der Vergangenheit darum zu ringen, dass sie doch anders gewesen sein möge … … denn wir wissen, dass das nicht geht, doch jeder Wunsch nach Vergeltung, nach Rache oder nach Ausgleich für das einst erfahrene Leid ist doch in Wahrheit die Sehnsucht nach Wiedergutmachung dessen, was niemals gutgemacht werden kann, weil es bereits geschehen ist … … Das bedeutet dann nicht, dass alles vergeben und vergessen sein muss oder dass niemand für das Vergangene Verantwortung tragen sollte … … Du wirst nicht aufgefordert, irgendetwas oder irgendjemandem zu verzeihen, wenn du es nicht willst … … Diese Botschaft kennt das Land der Träume nicht, denn die Aufforderung, erlittenes Unrecht zu vergeben, wäre gleichbedeutend damit, dass du selbst die Verantwortung oder Schuld tragen solltest, denn wir Menschen können nicht anders als in Verantwortung und Zuständigkeiten zu denken … … Deine Vergebung für andere, falls du jemals dem Menschen, der dich einst missbraucht hat, vergeben willst, ist eine Sache deiner persönlichen Entscheidung … … Du darfst vergeben, musst es aber nicht … … Vergebung hat nichts mit deiner heutigen Angst und Unsicherheit zu tun, auch nichts damit, wie du dich stärker und freier fühlen könntest … … Der heilsame Weg ist ein anderer … … Der Weg des Traumlandes ist ein anderer … … Du wurdest als Mensch geboren und damit auch mit dem Bedürfnis, geliebt zu werden, das gehört zum Menschsein dazu … … Doch Liebe war nicht bedingungslos in deiner Kindheit, vielleicht ist sie es auch niemals oder kann es niemals sein … … Das Drama deines Lebens bestand und besteht jedoch darin, dass deine Gefühle nicht immer sein durften … … Das, was du gefühlt hast, damals als du die Übergriffe erleben musstest, konnte oder wollte niemand hören oder erkennen … … So kam es, dass du, um doch noch Zuwendung zu bekommen, deine Gefühle schon früher als Kind oft unterdrückt hast … … so oft und so lange bis du sie selbst nicht mehr wirklich spüren konntest, bis es immer häufiger ein unklares Gefühl in dir gab, dass etwas nicht stimmt … … Und wenn wir zu oft gezwungen sind, unsere Gefühle zu verleugnen oder sie niemandem mitteilen können, dann passiert es, dass wir von unseren Gefühlen auch nicht mehr lernen können, denn wir wissen nicht, was eigentlich noch unsere Empfindung war oder ist und welche zu anderen gehört ... ... Gefühle lehren uns, wie wir das Leben in Zukunft gestalten können ... ... Unklare Gefühle lehren uns Unklarheiten und führen dazu, das sich zu vieles in uns staut, das wir nicht mehr richtig verarbeiten können ... ... denn das Leben geht weiter, fließt wie das sprudelnde Wasser, dass du in den Klängen im Hintergrund hörst ... ... Dann plötzlich hast du dich für alles verantwortlich gefühlt und geglaubt, dass du immer und überall Verantwortung tragen musst, ohne zu wissen warum ... ... Du dachtest, dass Priester gute Menschen sind, weil sie Gott nahe sein müssten ... ... Gleichzeitig hat dir dein Schmerz und das Leid gezeigt, dass es anders war ... ... Du warst hin und her gezogen zwischen deinen Gefühlen und dem Glauben, den du hattest ... ... Deine wahren Gefühle konntest du mit der Zeit nicht mehr deutlich erkennen ... ... Doch alle Gefühle sind noch in dir, sogar so wie sie tatsächlich waren ... ... unverstellt und echt ... ... Sie sind als Erinnerung in deinem Körper gespeichert ... ... Es liegen nur andere darüber, die dir auferlegt wurden oder die du selbst angenommen hast, weil du geglaubt hast, deine eigenen Gefühle wären nicht so wichtig ... ... Vielleicht gehörst auch du zu den Menschen, die das schon als Kind so gemacht haben ... ... Du schwebst durch deine Fantasie und wirst von der Farbe Grau umgeben, die dir zeigt, dass das Durcheinander und Übereinander der vielen unklaren Gefühle, die nicht deine waren, dich heute noch in Angst versetzt ... ... Dann tauchst du ein in die Farbe Weiß, die als Gegenspieler des Grau in dir ist und die Aufgabe übernehmen kann, das Grau aufzulösen und für Klarheit zu sorgen ... ... Im Land der Träume ist Weiß die Farbe der Reinigung und Klarheit und damit der Hoffnung auf eine neue innere Ordnung deiner Gefühle, die dich wieder frei und ohne Angst sein lässt ... ... Dann tauchst du ein in das Hellblau, das für dich im Land der Träume die Farbe des Annehmens deiner eigenen Lebensgeschichte und des Verzichtes auf Veränderung des Geschehenen sein soll... ... Was vorüber ist, kannst und darfst und sollst du betrauern ... ... mit allen Tränen und mit dem Wehklagen, das dafür notwendig sein mag, doch eine Wiedergutmachung kann es dafür nicht geben, außer der Wiedergutmachung deiner inneren Gefühlsordnung und dafür gibt es das Land der Träume ... ... Dann wirst du umgeben von der Farbe Goldgelb, die als Farbe des Erkennens, Verstehens und Lernens im Land der Träume vorkommt ... ... und du wirst alles erkennen, verstehen und lernen, was dir dabei hilft, die alte Angst und Unsicherheit loszulassen und dich stärker zu fühlen und stärker zu präsentieren ... ... Dann kommt die Farbe Silber als Farbe der Wahrheit ... ... Sie sagt dir, dass innere Befreiung möglich ist, auch Überwindung der Enttäuschung, damals alleine gewesen zu sein ... ... und die wertvollste Farbe ist dann das Gold, das die Lebenskraft in dir symbolisiert und aktiviert ... ... Die Kraft der Schöpfung, die in dir liegt, denn die Schöpfung wurde vom Schöpfer begonnen und wird von den Lebewesen der Erde vollzogen und zu Ende gebracht ... ... also auch von dir und in dir ... ... Gold erinnert dich daran, dass auch du von der Schöpfung und der Natur getragen bist ... ... Dann tauchst du ein in die Farbe Rot, die Farbe der Liebe und Selbstliebe, die dir erlaubt, dich selbst anzunehmen, mehr noch, dich selbst zu lieben ... ... vielleicht heute schon oder morgen oder an jedem Tag deines Lebens ein kleines Stück ... ...

Emotionale Verankerung und Motivation. Das Land der Träume ist das Land der kreativen Fantasie ... ... das Land der Befreiung von alten Fesseln und Belastungen, das Land, in dem alles neu und anders wird, sobald du es gefunden und angenommen hast ... ... Und du hast dieses Land heute betreten ... ... Nun kannst du deinen Befreiungsweg gehen ... ... Du machst dir klar, dass das Land der Träume ganz tief in dir drin ist ... ... Dort war es schon immer ... ... Ich erzähle dir nur davon ... ...

[Genieß noch eine Weile die sanfte Ruhe und tauche ein in dein Gefühl. Lass es unverstellt und echt sein und schenke deinem eigenen Gefühl Achtsamkeit und Respekt, was auch immer du spürst. Lass deine Atmung bewusst werden. Mit dem Wind deines Atems kommst du zurück in deinen Körper. Werde dir deines Körpers bewusst und schenke auch ihm Achtsamkeit und Würdigung. Nimm Kontakt auf zu der Unterlage, auf der du liegst, und stell dich darauf ein, mit dem Gefühl, das dich nun begleitet, wach zu werden. Dein Körper wird aktiv und du wirst nun wieder wach. Öffne die Augen und sei wieder wach!]

Sexueller Missbrauch durch Priester
Zweite Sitzung (Vergangenheitsbewältigung)

[Niemals hättest du dir vorstellen können, dass dieser Mann dir etwas antun könnte. Deine Vorstellung von Gottes Dienern war die Vorstellung davon, sie wären so, wie du dir Gott selbst vorgestellt hast. Ein gütiger, guter Gott, der dich schützt und behütet. So hattest du es gelernt und daher dachtest du auch alle Priester wären so. Doch wenn der Glaube von der Wahrheit Lügen gestraft wird, dann wird es zur Herausforderung, diese Wahrheit anzunehmen und sich nicht hinter dem alten Glauben zu verstecken. Doch diese Wahl hattest du nicht. Du warst zu klein, warst ein Kind. Du hättest jemanden gebraucht, der dir geholfen hätte. Jemanden, der die Wahrheit erkannt hätte oder hatte und dann den Mut aufgebracht hätte, dir zu helfen. Du aber hast gedacht, dass du selbst etwas falsch gemacht hättest, dass es deine Schuld gewesen wäre. Vielleicht wusstest du auch von Anfang an, dass es falsch war, was dir angetan wurde, doch es war niemand da, der deine Hilferufe hören konnte oder wollte. Du warst auf dich alleine gestellt. Heute ist es anders. Du bist nicht mehr alleine. Vielleicht hast du den Glauben an Gott verloren. Vielleicht hast du dich selbst verloren in deinem Überlebenskampf. Doch es ist nun an der Zeit, Befreiung und Heilung zu finden. Dich selbst zu finden und in innerem Frieden mit dir zu leben.]

Ankommen im Land der Träume. Irgendwo in deiner Fantasie gibt es ein ganz besonderes Land ... ... ein Land, in dem du Zuflucht finden kannst ... ... in dem nur du bestimmst, was sein darf ... ... ein Land des Friedens und der Freiheit ... ... der Sicherheit und Geborgenheit ... ... das Land deiner Träume ... ... Was auch immer du verloren hast in deinem Leben ... ... was auch immer dir gefehlt hat ... ... wonach du vergeblich und verzweifelt gesucht hast ... ... Hier findest du alles, was du brauchst, um befreit und glücklich zu leben ... ... Hier findest du alles, was du brauchst, um Heilung zu erfahren ... ... denn hier findest du immer dich selbst ... ... Also gehst du los, in deinen Gedanken und in deiner Fantasie machst du dich auf die Reise ... ... Du gehst in das Land der Träume ... ...

Distanzierung vom Bewussten. Du gehst durch einen Garten, der wie ein Klostergarten aussieht ... ... umrandet von einer Mauer, mit Hecken und Sträuchern, die dir wie Wegmarkierungen den richtigen Weg weisen ... ... Alles hier scheint sehr geordnet und geschnitten ... ... als würde ein Gärtner hier jeden Tag seine Arbeit still verrichten ... ... und dennoch sieht es aus, als wäre noch niemand diesen Weg durch den Garten gegangen ... ... als wärst du *der/die* erste, *der/die* hier entlang geht ... ... Du entdeckst eine Lücke in der Hecke, fast schon zugewachsen ... ... Du gehst hindurch und findest einen schmalen Pfad, von Dornensträuchern zugewuchert ... ... Doch mit jedem Schritt weichen die Äste mit den Dornen zur Seite und geben diesen Weg für dich frei ... ...

Bewusstseinsreinigung. Du kommst zu einem Rosenbogen mit lauter weißen Rosen ... ... Die Blüten leuchten wunderschön in reinem Weiß ... ... Du gehst zu dem Rosenbogen und mit jedem Schritt, den du darauf zu gehst, leuchten die Blüten der Rosen heller und heller ... ... strahlen weißes Licht aus wie kleine Laternen, die immer heller werden ... ... und mit jedem Schritt, den du gehst, strahlt auch dein Körper dieses weiße Licht aus ... ... Deine Hände schimmern weiß, wie von einem feinen weißen Nebel umgeben, der langsam deinen Körper verlässt und sich auflöst ... ... Du stehst unter dem Rosenbogen und das weiße Licht der Rosen verbindet sich mit dem Licht deines Körpers ... ... Du atmest tief ein und langsam und lange aus ... ... und mit dem Ausatmen gehst du mit einem großen Schritt unter dem Rosenbogen hindurch ... ...

Konfrontation und Klärung. Du stehst vor einer kleinen Kapelle ... ... Die Tür steht offen und über dem Eingang hängt ein Schild, auf dem steht „Kappel des einen Augenblicks" ... ... Es ist der Ort, an dem du in Sicherheit bist ... ... wie ein Versteck, in dem du solange bleiben kannst, bis jede Gefahr vorüber ist ... ... bis du stark genug bist, dich gegen alle Übergriffe deines Lebens zu wehren und dich selbst ohne Furcht und ohne Schuldgefühl in Sicherheit zu wiegen ... ... Du gehst in die Kapelle des einen Augenblicks und schaust dich um ... ... Du bist hier ganz alleine, sie ist nur für dich da ... ... Du findest einen Platz und setzt dich hin ... ... Die Kapelle ist mit frischen Blumen geschmückt ... ... in ockerfarbenen Vasen aus Ton siehst du lauter hellblaue Rosen ... ... Sie duften wunderbar … … und vorne, wo der Altar sein sollte, siehst du einen zugezogenen weißen Vorhang … … Du schaust nach vorne … … der Vorhang öffnet sich langsam und gibt den Blick auf eine Leinwand frei … … Auf der Leinwand siehst du Bilder deiner Erinnerung, die nacheinander aufleuchten … … Bilder aus deinem Alltag … … Bilder aus einer Zeit als du noch etwas jünger warst … … und schließlich auch Bilder aus deiner Jugend- oder Kinderzeit … … aus der Zeit, als der Missbrauch begann … … Du siehst Bilder von dir und von den Menschen, die damals mit dir gelebt haben … … vielleicht deine Familie … … oder andere Bezugspersonen … … Erzieher oder Pädagogen … … Pflegeeltern oder eben diejenigen Personen, an die du dich tatsächlich erinnerst … … Vielleicht gab es auch immer wieder Menschen, die deine Ansprechpartner waren, weil du eben nicht in einer Familie gelebt hast … … Doch damals ist es nicht gelungen, Hilfe zu finden … … Du siehst noch einmal, wie das damals war … … Du erkennst noch einmal in diesen Bildern, wie du versucht hattest, dein Leiden mitzuteilen … … auf deine Art hast du es getan … … vielleicht ganz direkt und niemand wollte es hören oder zulassen … … oder du hast es für dich behalten, aus Angst oder Scham … … aus Verunsicherung, weil du das nicht begreifen konntest, was geschehen war … … Doch du hast versucht dich mitzuteilen … … mit Worten … … mit deinem flehenden Blick … … mit deinem tiefen Wunsch, es möge jemand erkennen, was da geschieht … … Vielleicht hast du Gott oder die Engel um Hilfe gebeten … … und möglicherweise hast du dich immer wieder in deine Fantasie geflüchtet … … hast mehr dort gelebt als in der Wirklichkeit des Alltages … … hast dir deine Zukunft erträumt und ausgemalt … … hast dir vorgestellt, wie du all das eines Tages hinter dir lassen wirst, um dein Leben in Freiheit und in Sicherheit zu leben … … Die Bilder der Vergangenheit steigen wieder in dir auf … … vielleicht auch Bilder und Erinnerungen, mit denen du gar nicht gerechnet hast … … Doch was auch immer das sein mag, was dir vor deinem inneren Auge erscheint … … Lass die Bilder einfach da sein … … Hier kann dir nichts geschehen … … Du bist im Land der Träume und ich begleite dich … … Alles, was einst war, ist schon geschehen … … es ist vorbei … … Damals war niemand da, der dir geholfen hat … … niemand, der dein Leiden beendet hat … … Doch heute ist es anders … … Heute bist du selbst im Land der Träume, um von alledem zu lernen, wie du das schaffen kannst, dein Leiden selbst zu beenden ... ... Heute lernst du es von deiner eigenen Erinnerung, ganz tief in deinem Gefühl ... ... Du erkennst, dass das Leiden der Vergangenheit angehört ... ... damals konntest du die Übergriffe nur im Leiden und in Angst erleben ... ... Du hattest Schmerzen und warst in großer Gefahr ... ... Damals war es so ... ... Heute wird all das zur Erinnerung, die in der Vergangenheit bleibt, denn dort gehören diese Gefühle hin ... ... Du lässt sie also in der Kapelle des einen Augenblicks, der zum Augenblick der Erinnerung wird ... ... Du aber gehst nach draußen und schließt die Tür der Kapelle ... ... gehst unbeschadet durch die Dornenhecke, die wie ein Vorhang zur Seite weicht ... ...

Schritt in die Gegenwart. Du kommst zum Fluss des Lebens, hörst das Wasser fließen ... ... Du stehst am Ufer und schaust auf das klare Wasser des Flusses ... ... Dann gehst du am Ufer entlang und vor dir erscheint eine goldene Brücke ... ... Sie entsteht vor deinen Augen, streckt sich über den Fluss und funkelt im Sonnenlicht ... ... die Brücke der inneren Freiheit, die dich in die Gegenwart bringt ... ... in die einzige Zeit, die wirklich existiert ... ... Vergangenheit ist nur noch Erinnerung ... ... Du gehst auf die Brücke und schaust auf das Wasser, das unter ihr hindurch fließt ... ... Es glitzert silbern im Licht der Sonne und die goldene Brücke der Freiheit spiegelt sich darin ... ... Dann gehst du auf die andere Seite des Flusses und kommst im Augenblick der Gegenwart an ... ...

Kreative Neuausrichtung. Du stehst auf einer Blumenwiese und ziehst die Schuhe aus ... ... mit nackten Füßen gehst du über die Wiese, voller Vertrauen, dass du mit jedem Schritt eine angenehme Stelle betrittst ... ... dass das Gras unter deinen Füßen weich und warm bleibt und du unbeschadet und ohne Kratzer an den Fußsohlen deinen Weg gehen kannst ... ... und mit jedem Schritt im Gras wächst dein Vertrauen darauf, dass jeder Schritt, den du machst, ein Schritt zu dir selbst sein wird ... ... und dass jeder Schritt ein richtiger sein wird ... ... heute hier im Land der Träume und vielleicht auch heute schon in deinem wachen Alltag ... ... oder morgen ... ... oder auch an jedem Tag deines Lebens ... ... Schritt für Schritt ... ...

Selbstversöhnung. Dann richtest du den Blick nach vorne, zum Horizont … … von dort aus kommt dir ein Kind entgegen, das genau wie du mit blanken Füßen über das Gras geht … … Dieses Kind sieht so aus wie du als Kind ausgesehen hast … … und mit jedem Schritt, den es näher kommt, spürst du intensiver, dass du auf dich selbst zugehst … … Du begegnest deinem inneren Kind, das hier auf dich gewartet hat … … mit all den Schmerzen und der Sehnsucht der Vergangenheit … … doch auf dem Weg zu dir und deiner Gegenwart … … Wortlos ergreift es deine Hand und begleitet dich auf deinem Weg … … Das Kind begleitet dich bis du so müde wirst, dass du dich ausruhen willst … … Dann drückt es dich ganz fest zum Abschied und läuft zu den glücklichen Kindern, um dort auf dich zu warten … …

Achtsamkeit und Selbsttreue. Du findest einen schönen und bequemen Platz, an dem du dich von den Belastungen und von den Schmerzen deines Lebens erholen kannst … … einen Platz der Ruhe und Geborgenheit … … An deiner Seite erscheint der silberne Engel des Traumlandes … … der Schutzgeist und Helfer, der dir immer zur Seite steht … … mit seinen Flügeln deckt er dich zu, damit du ohne Angst schlafen kannst … … Dann schläfst du ein und während du schläfst, trägt dich der Engel auf seinen starken Armen zum Horizont … … dorthin, wo deine Zukunft beginnt … … Auch dort wird er bei dir sein und dich mit seinen Flügeln zudecken und beschützen … … heute und an jedem anderen Tag in deinem Leben … … Dann denkst du darüber nach, dass das Land der Träume ganz tief in dir drin ist … … Dort war es schon immer … … Ich erzähle dir nur davon … …

[Genieß noch eine Weile die sanfte Ruhe und tauche ein in dein Gefühl. Lass es unverstellt und echt sein und schenke deinem eigenen Gefühl Achtsamkeit und Respekt, was auch immer du spürst. Lass deine Atmung bewusst werden. Mit dem Wind deines Atems kommst du zurück in deinen Körper. Werde dir deines Körpers bewusst und schenke auch ihm Achtsamkeit und Würdigung. Nimm Kontakt auf zu der Unterlage, auf der du liegst, und stell dich darauf ein, mit dem Gefühl, das dich nun begleitet, wach zu werden. Dein Körper wird aktiv und du wirst nun wieder wach. Öffne die Augen und sei wieder wach!]

Sexueller Missbrauch durch Priester
Dritte Sitzung (Loslassen der Schuldgefühle)

[Du warst ein Kind als du von einem Priester (Geistlichen) sexuell missbraucht wurdest. Du konntest nichts dagegen unternehmen, warst einfach zu klein, um dich zu wehren. Du dachtest, Priester wären gute Menschen und obwohl du erlebt hast, dass sie nicht nur Gutes tun, hast du an dir selbst gezweifelt. Du wolltest verstehen, warum auch Priester Dinge tun können, die du als schmerzhaft und zerstörend erlebst. Es gab für dich nur die Erklärung, dass du etwas falsch gemacht haben musstest. Du dachtest, es läge an dir oder alles, was er dir antat, wäre eine Art der gerechten Strafe für etwas, das du getan, gedacht oder gefühlt hattest. Tief in dir hast du gespürt, dass es nicht richtig war, was er dir angetan hat. Du wusstest, dass Schmerzen und Erniedrigungen nicht von Gott gewollt waren. Vielleicht hast du aber auch den Glauben an Gott verloren oder du hast auch dafür, dass du nicht begreifen konntest, warum er es zuließ, dich wieder schuldig gefühlt. Es gab kein Entkommen für dich. Bis heute verfolgen dich die Bilder und Worte der damaligen Zeit. Bis heute kannst du die Schmerzen und die Angst tief in dir fühlen. Manchmal hast du geglaubt, du würdest im Inneren sterben, würdest zugrunde gehen und niemals glücklich und ohne Angst leben können. Doch du hast durchgehalten und du hast dich auf den Weg gemacht, auf den Weg der Befreiung, auf den Weg zu dir selbst.]

Ankommen im Land der Träume. Irgendwo in deiner Fantasie gibt es ein ganz besonderes Land … … ein Land, in dem du Zuflucht finden kannst … … in dem nur du bestimmst, was sein darf … … ein Land des Friedens und der Freiheit … … der Sicherheit und Geborgenheit … … das Land deiner Träume … … Was auch immer du verloren hast in deinem Leben … … was auch immer die gefehlt hat … … wonach du vergeblich und verzweifelt gesucht hast … … Hier findest du alles, was du brauchst, um befreit und glücklich zu leben … … Hier findest du alles, was du brauchst, um Heilung zu erfahren … … denn hier findest du immer dich selbst … … Also gehst du los, in deinen Gedanken und in deiner Fantasie machst du dich auf die Reise … … Du gehst in das Land der Träume … …

Distanzierung vom Bewussten. Du gehst noch einmal durch den Klostergarten ... ... und findest den gleichen weg, den du hier schon einmal zur Kapelle gegangen bist ... ... Schritt für Schritt gehst du zu den Dornensträuchern, die zur Seite weichen, sobald du an sie herankommst ... ... Du spürst mit jedem Schritt, dass du tiefer in die Welt deiner Gefühle gehst ... ... Das Geräusch fließenden Wassers begleitet dich ... ... Du hörst Vögel zwitschern, die dir den Weg weisen ... ... Du folgst dem Klang ihrer Stimme und dem Fließen des Wassers, das immer einen guten Weg kennt ... ... es fließt so wie die Natur es zulässt und vorgesehen hat ... ... ganz von alleine findet das Wasser seinen Weg ... ... ganz von alleine ... ... so wie du im Land der Träume, genau so wie du ... ...

Bewusstseinsreinigung. Du kommst zu einem Rosenbogen mit lauter weißen Rosen ... ... Die Blüten leuchten wunderschön in reinem Weiß ... ... Du gehst zu dem Rosenbogen und mit jedem Schritt, den du darauf zu gehst, leuchten die Blüten der Rosen heller und heller ... ... strahlen weißes Licht aus wie kleine Laternen, die immer heller werden ... ... und mit jedem Schritt, den du gehst, strahlt auch dein Körper dieses weiße Licht aus ... ... Deine Hände schimmern weiß, wie von einem feinen weißen Nebel umgeben, der langsam deinen Körper verlässt und sich auflöst ... ... Du stehst unter dem Rosenbogen und das weiße Licht der Rosen verbindet sich mit dem Licht deines Körpers ... ... Du atmest tief ein und langsam und lange aus ... ... und mit dem Ausatmen gehst du mit einem großen Schritt unter dem Rosenbogen hindurch ... ...

Konfrontation und Klärung. Du stehst noch einmal vor der Kapelle des einen Augenblicks ... ... Die Tür steht weit offen und aus dem Innern hörst du Musik ... ... Die Melodie des Traumlandes klingt aus der Kapelle des einen Augenblicks und hallt durch das ganze Land ... ... Alle Geschöpfe des Traumlandes, alle Tiere und alle Seelen, die es hier gibt, hören den wunderschönen Klang, der aus der Kapelle klingt ... ... Dann fällt dir auf, dass du einen grauen Umhang trägst ... ... Er fühlt sich sehr schwer an, so schwer wie die Angst und das schlechte Gewissen in dir ... ... so schwer wie die Gedanken, die sich so lange schon mit der Frage der Schuld beschäftigen ... ... So lange hast du geglaubt, dass du schuldig wärst ... ... schuldig, weil es dir passiert war ... ... Doch heute ist es an der Zeit, diese alten Schuldgefühle loszulassen, weil es zu keiner Zeit deine eigenen waren … … Du hast zu oft erlebt, dass du deine Gefühle verstecken musstest, weil du niemanden finden konntest, der sie hören konnte oder wollte … … weil du dachtest, dass du andere schonen müsstest … … weil du geglaubt hast, dass du es nicht wert wärest, gesehen und geliebt zu werden … … So hast du dir vorgenommen, alleine durchzukommen … … alles Leiden durchzuhalten … … ganz alleine dein Überleben zu sichern … … Doch diese Last war viel zu groß für einen einzelnen Menschen … … viel zu groß für ein Kind, das du warst … … und weil du so auf dich alleine gestellt warst mit deinen Gefühlen und in deiner Not, hast du dich selbst immer wieder abgeschaltet, um zu überleben … … hast immer wieder in deinem Leben, wenn es innerlich oder auch äußerlich bedrohlich wurde, einen Teil von dir abgeschaltet und deine Gefühle versteckt … … bis du sie selbst nicht mehr richtig fassen konntest und oftmals gar nicht mehr sagen konntest, was du fühlst … … und wenn du es gespürt hast, waren es häufig nicht einmal deine eigenen Gefühle, sondern nur das, was du geglaubt hast, fühlen zu sollen oder zu müssen … … häufig war es das Gefühl der Angst … … häufig war es das Gefühl der Schuld … … doch schuldig warst du niemals … … zu keiner Zeit … … Es war nicht deine Schuld … … Heute kannst du diese schwere Kutte der Schuldgefühle ablegen, kannst diesen grauen Umhang ablegen und auflösen … … Du gehst also in die Kapelle … … Überall stehen weiße, brennende Kerzen … … und vorne auf dem Altar steht eine wunderschöne Kerze, die mit violetter Flamme brennt … … Der violette Schein der Flamme dehnt sich langsam aus … … Es sieht aus wie eine Kugel aus violettem Licht, die sich um die Kerze bildet … … und mit jedem Zug deines Atems wird diese Lichtkugel größer … … Eine Kugel aus violettem Licht bildet sich um die Kerze auf dem Altar der Kapelle des einen Augenblicks … … Du stehst vor dem Altar und siehst die violette Flamme der Kerze … … und die Kugel aus violettem Licht, die immer größer wird … … mit jedem Atemzug größer … … bis sie den ganzen Altar umgibt … … Du ziehst die graue Kutte aus und trägst sie mit beiden Händen zum Altar … … Mit einem großen Schritt gehst du ganz nah zum Altar und in die violette Lichtkugel hinein … … Du wirst vollkommen umgeben von violettem Licht … … Du legst die graue Kutte deines schlechten Gewissens und damit all deine Schuldgefühle der damaligen Zeit auf den Altar … … und vor deinen Augen zerfällt der graue Umhang zu Staub … … Du siehst genau hin und kannst erkennen, dass die winzigen Staubkörnchen langsam anfangen golden zu glitzern … … Du drehst dich um und gehst aus der Lichtkugel zurück in die Kapelle und dann nach draußen … … Du lässt die Tür offen stehen und gehst weiter … …

Schritt in die Gegenwart. Du kommst zum Fluss des Lebens, hörst das Wasser fließen … … Du stehst am Ufer und schaust auf das klare Wasser des Flusses … … Dann gehst du am Ufer entlang und vor dir erscheint eine goldene Brücke … … Sie entsteht vor deinen Augen, streckt sich über den Fluss und funkelt im Sonnenlicht … … die Brücke der inneren Freiheit, die dich in die Gegenwart bringt … … in die einzige Zeit, die wirklich existiert … … Vergangenheit ist nur noch Erinnerung … … Du gehst auf die Brücke und schaust auf das Wasser, das unter ihr hindurch fließt … … Es glitzert silbern im Licht der Sonne und die goldene Brücke der Freiheit spiegelt sich darin … … Dann gehst du auf die andere Seite des Flusses und kommst im Augenblick der Gegenwart an … …

Kreative Neuausrichtung. Du kommst zu einer Wiese, auf der es keine Pflanzen gibt … … soweit du blicken kannst, gibt es nur Gras … … Dann spürst du den Wind des Traumlandes auf deiner Haut … … Er berührt dich im Gesicht und an den Händen … … Der sanfte Wind kitzelt dich und du schaust deine Hände an … … Dann bemerkst du, dass kleine goldene Staubkörner mit dem Wind über das Land der Träume wehen … … Du schaust über die Wiese und siehst überall das Glitzern und Funkeln der goldenen Staubkörnchen … … und überall dort, wo sie auf die Wiese fallen, wachsen kleine Triebe aus der Erde, die vor deinen Augen zu schönen Blumen heranwachsen … … wie in einem Zeitraffer kannst du den Blumen beim Wachsen zusehen … … weiße Margeriten für die Reinheit deines Gewissens, denn du warst niemals schuld … … hellblaue Vergissmeinnicht für das Loslassen des Leidens der Vergangenheit … … und rote Rosen für die Liebe von dir für dich … … Liebe von dir für dich … … Überall wachsen Blumen aus dem Boden … … nur für dich … …

Selbstversöhnung. Dann hörst du Kinderstimmen im Wind ... ... Die Gruppe der glücklichen Kinder läuft über die Wiese ... ... und allen voran läuft das Kind, das so aussieht wie du, dein inneres Kind ... ... Es erblickt dich und läuft zu dir, drückt sich ganz fest an dich und du spürst wie sehr es sich freut ... ... Du fühlst die innere Befreiung des Kindes ... ... Es bedankt sich bei dir dafür, dass du die Schuldgefühle der violetten Flamme übergeben hast ... ... Nun kann es selbst wachsen und reifer werden ... ... nun kann es groß werden und selbstbestimmt leben ... ... mit allen Erinnerungen, doch gleichzeitig befreit von dem Leiden der Vergangenheit ... ... Das Kind, das du selbst auch bist, bedankt sich bei dir und läuft zu den glücklichen Kindern ... ... Gemeinsam laufen sie zum Horizont, dorthin wo deine Zukunft beginnt ... ...

Achtsamkeit und Selbsttreue. Du findest einen schönen und bequemen Platz, an dem du dich von den Belastungen und von den Schmerzen deines Lebens erholen kannst ... ... einen Platz der Ruhe und Geborgenheit ... ... An deiner Seite erscheint der silberne Engel des Traumlandes ... ... der Schutzgeist und Helfer, der dir immer zur Seite steht ... ... mit seinen Flügeln deckt er dich zu, damit du ohne Angst schlafen kannst ... ... Dann schläfst du ein und während du schläfst, trägt dich der Engel auf seinen starken Armen zum Horizont ... ... dorthin, wo deine Zukunft beginnt ... ... Auch dort wird er bei dir sein und dich mit seinen Flügeln zudecken und beschützen ... ... heute und an jedem anderen Tag in deinem Leben ... ... Dann denkst du darüber nach, dass das Land der Träume ganz tief in dir drin ist ... ... Dort war es schon immer ... ... Ich erzähle dir nur davon ... ...

[Genieße noch eine Weile die sanfte Ruhe und tauche ein in dein Gefühl. Lass es unverstellt und echt sein und schenke deinem eigenen Gefühl Achtsamkeit und Respekt, was auch immer du spürst. Lass deine Atmung bewusst werden. Mit dem Wind deines Atems kommst du zurück in deinen Körper. Werde dir deines Körpers bewusst und schenke auch ihm Achtsamkeit und Würdigung. Nimm Kontakt auf zu der Unterlage, auf der du liegst, und stell dich darauf ein, mit dem Gefühl, das dich nun begleitet, wach zu werden. Dein Körper wird aktiv und du wirst nun wieder wach. Öffne die Augen und sei wieder wach!]

Sexueller Missbrauch durch Priester
Vierte Sitzung (Verzicht auf Wiedergutmachung)

[Du hast großes Leid erfahren, wurdest gedemütigt und sexuell miss-braucht in deiner Kindheit. Du hast verstanden, dass die alten Gefühle der Schuld nicht deine Gefühle waren. So oft hast du über das, was einst geschehen ist, nachgedacht, hast dir gewünscht, es möge nie passiert sein. Vielleicht hast du dir nachträglich ein anderes Leben gewünscht, eine andere Geschichte. Vielleicht hast du manchmal auch Vergeltung gewünscht oder Gedanken der Rache gehabt. Vielleicht auch hast du ein-fach gehofft, dass der oder die Täter der Vergangenheit, wenn sie noch le-ben, Reue zeigen oder um Vergebung bitten würden. Diese Wünsche sind menschlich. Gleichzeitig kommt es darauf an, zu erkennen, dass in vielen Wünschen nach Besserung und Änderung in der Gegenwart der tiefe Wunsch steckt, all das möge in der Vergangenheit nicht geschehen sein. Wie ein Versuch, alles doch noch abzuwenden, was bereits gesche-hen ist. Doch nichts von alledem wird jemals ungeschehen sein. Dennoch wirst du frei von der Last der Vergangenheit, frei von Angst und Leid.]

Ankommen im Land der Träume. Irgendwo in deiner Fantasie gibt es ein ganz besonderes Land … … ein Land, in dem du Zuflucht finden kannst … … in dem nur du bestimmst, was sein darf … … ein Land des Frie-dens und der Freiheit … … der Sicherheit und Geborgenheit … … das Land deiner Träume … … Was auch immer du verloren hast in deinem Leben … … was auch immer die gefehlt hat … … wonach du vergeblich und verzweifelt gesucht hast … … Hier findest du alles, was du brauchst, um befreit und glücklich zu leben … … Hier findest du alles, was du brauchst, um Heilung zu erfahren … … denn hier findest du immer dich selbst … … Also gehst du los, in deinen Gedanken und in deiner Fantasie machst du dich auf die Reise … … Du gehst in das Land der Träume … …

Distanzierung vom Bewussten. Du hörst das Fließen des Wassers und die Klänge der Natur … … Du gehst am Ufer eines Baches entlang und schaust auf das hellblaue Wasser, das so schön im Sonnenlicht funkelt … … Deine Gedanken verlieren sich im Plätschern des Wassers und in den

Klängen des Traumlandes … … Du lässt deine Gedanken mit dem Wasser fließen und lauschst dem zwitschern der Vögel, das dir die Verbundenheit mit der Natur und der Schöpfung zeigt … … deine tiefe Verbundenheit mit der Natur und der natürlichsten Welt, die es gibt … … die Welt deiner Gefühle … …

Bewusstseinsreinigung. Du kommst zu einem Rosenbogen mit lauter weißen Rosen … … Die Blüten leuchten wunderschön in reinem Weiß … … Du gehst zu dem Rosenbogen und mit jedem Schritt, den du darauf zu gehst, leuchten die Blüten der Rosen heller und heller … … strahlen weißes Licht aus wie kleine Laternen, die immer heller werden … … und mit jedem Schritt, den du gehst, strahlt auch dein Körper dieses weiße Licht aus … … Deine Hände schimmern weiß, wie von einem feinen weißen Nebel umgeben, der langsam deinen Körper verlässt und sich auflöst … … Du stehst unter dem Rosenbogen und das weiße Licht der Rosen verbindet sich mit dem Licht deines Körpers … … Du atmest tief ein und langsam und lange aus … … und mit dem Ausatmen gehst du mit einem großen Schritt unter dem Rosenbogen hindurch … …

Konfrontation und Klärung. Du stehst erneut im Klostergarten und schaust direkt auf ein graues Klostergebäude … … Zwischen dem Kloster und dir verläuft ein hoher Zaun … … und an den geöffneten Fenstern des Klosters siehst du die Menschen, die in deinem Leben wichtig waren, in der Zeit als du dem Priester (Geistlichen) ausgeliefert warst … … vor manchen hattest du so große Angst, dass du dich ihnen nicht anvertrauen konntest … … vielleicht hast du einigen oder einem auch damals davon erzählt, doch sie haben dir nicht geglaubt … … oder nicht geholfen … … vielleicht auch siehst du Gesichter von anderen, die auch Opfer waren … … Gesichter von anderen, die den Täter gedeckt oder ihm geholfen haben … … Vielleicht sind einige der Menschen an den Fenstern schon tot oder du begegnest ihnen heute nicht mehr … … andere spielen immer noch eine große Rolle in deinem Leben … … Du begegnest ihnen immer noch oder immer wieder … … Hier im Land der Träume bist du immer in Sicherheit … … hier kann und darf nur das geschehen, was du erlaubst … … Niemand kann das Kloster ohne deine Zustimmung verlassen, niemand ohne deine Erlaubnis den Zaun überwinden … … Hier im Land der Träume, im Kloster auf der anderen Seite des Zaunes, sind nur die Anteile dieser Menschen, die der Vergangenheit angehören … … und diese bleiben für immer dort, denn dort gehören sie hin … …Dann tritt eine graue Gestalt an den Zaun, dir gegenüber, auf der anderen Seite … … ein Priester mit einer grauen Kutte … … Du erkennst den Täter der damaligen Zeit … … Regungslos bleibt er auf seiner Seite des Zaunes stehen … … Hier im Land der Träume entscheidest nur du, was möglich ist … … Niemand, den du nicht dazu einlädst, kann den Zaun überwinden und mit dir im Land der Träume sein … … auch er nicht … … Dieser Priester ist nicht um seiner selbst willen hier … … es spielt keine Rolle, welche Beweggründe er einst hatte oder was seine Geschichte war … … Wie du hat auch er ein Land seiner Träume, wie wir alle, dort kann er seine Geschichte finden, wenn er dazu bereit sein sollte … … Hier geht es nur um dich und deinen Frieden … … nur deshalb ist er heute hier … … nur deshalb … … Du überlegst dir, was du ihm sagen möchtest … … Du erzählst ihm vielleicht einfach von den Gefühlen und der Angst, die du einst hattest … … damals als er dich zu sexuellen Handlungen gezwungen hatte, die du nicht wolltest … … Erzähle ihm auch die Gefühle, die vielleicht nur du kennst, über die du noch nie mit jemandem gesprochen hast, die du aber vielleicht jetzt als Erinnerung spüren kannst … … Nimm dir Zeit, um dem Priester (Geistlichen) davon zu erzählen … … Wenn du willst, erzähle ihm davon, wenn du willst, schrei es ihm entgegen … … Mach es so, wie dein Gefühl es dir nahe legt, denn jetzt musst du gar nichts erfüllen, keine Fassung bewahren und keine Rolle erfüllen, denn das wäre eine erneute Aufforderung in deinem Leben, dich anders zu verhalten als es deinem wahren Gefühl entspricht … … Du bist nicht hier um zu verzeihen, sondern um dich zu befreien … … Sag jetzt im Land der Träume, was du sagen willst oder musst … … ich bin bei dir und lasse dir etwas Zeit … … *[Jetzt eine gefühlte Minute Pause machen und den Klienten in den inneren Kontakt gehen lassen, um seine Gefühle zu spüren und innerlich auszusprechen.]* … … Du stehst immer noch am Zaun und die Person auf der anderen Seite erstarrt zu einer steinernen Skulptur … … Sie kann sich nicht mehr bewegen, kann dir nichts tun, kann aber auch gar nichts tun, denn die Zeit von damals ist längst vergangen … … Alle Menschen an den Fenstern erstarren zu Stein, genau wie er … … Die Welt auf der anderen

Seite des Zauns ist ein Schatten der Vergangenheit ... ... Es ist Teil deiner Geschichte, mehr nicht ... ... Der Priester (Geistliche) steht als steinerne Skulptur jenseits des Zaunes und zerfällt vor deinen Augen zu Staub, der vom Wind verweht wird ... ... Das ganze Kloster zerfällt vor deinen Augen zu Staub ... ... Du drehst dich um und folgst dem Geräusch des Wassers ... ...

Schritt in die Gegenwart. Du kommst zum Fluss des Lebens, hörst das Wasser fließen ... ... Du stehst am Ufer und schaust auf das klare Wasser des Flusses ... ... Dann gehst du am Ufer entlang und vor dir erscheint eine goldene Brücke ... ... Sie entsteht vor deinen Augen, streckt sich über den Fluss und funkelt im Sonnenlicht ... ... die Brücke der inneren Freiheit, die dich in die Gegenwart bringt ... ... in die einzige Zeit, die wirklich existiert ... ... Vergangenheit ist nur noch Erinnerung ... ... Du gehst auf die Brücke und schaust auf das Wasser, das unter ihr hindurch fließt ... ... Es glitzert silbern im Licht der Sonne und die goldene Brücke der Freiheit spiegelt sich darin ... ... Dann gehst du auf die andere Seite des Flusses und kommst im Augenblick der Gegenwart an ... ...

Kreative Neuausrichtung. Der Himmel über dir ist hellblau und du findest einen schönen Platz um auszuruhen ... ... vielleicht auch um zu trauern und zu weinen, weil Wiedergutmachung deines Leidens nicht möglich ist ... ... Keine Rache und auch kein Geschenk in der Gegenwart könnten wirklich das ungeschehen machen, was damals war ... ... Ausgleich und Wiedergutmachung gibt es nur für die Gegenwart in der Gegenwart ... ... deine Befreiung von Leid in der Gegenwart lässt dich wieder in Frieden leben ... ... Der Himmel über dir färbt sich schließlich rot als Zeichen der Liebe für dich ... ... der Liebe des Traumlandes und der Liebe Gottes, wenn du noch oder erneut an ihn glauben kannst ... ... Die untergehende Sonne kann den Himmel ebenso rot färben wie die aufgehende Sonne ... ... und hier im Land der Träume kann beides gleichzeitig sein ... ... Sonnenuntergang und Sonnenaufgang ... ... Mit der untergehenden Sonne wird eine Zeit beendet, die mehr als nur die Zeit eines Tages ist ... ... Es ist das Ende des Vergangenen ... ... und mit der aufgehenden Sonne, die gleichzeitig da ist, beginnt eine neue Zeit in deinem Leben ... ... eine Zeit der Liebe von dir für dich ... ...

Selbstversöhnung. Dein inneres Kind steht plötzlich neben dir, um mit dir gemeinsam die Erneuerung zu erleben … … und mit der untergehenden Sonne verabschiedet sich das innere Kind von der Vergangenheit und von dem Leiden, das einst so groß war … … und mit der neuen aufgehenden Sonne entsteht das Gefühl der Freiheit tief in der Seele des Kindes … … das Gefühl, nun endlich weiter leben zu können … … im Land der Träume und in deinem Gefühl, um erwachsen zu werden, so wie du … … Das Kind springt plötzlich auf und verabschiedet sich von dir … … es ist nun an der Zeit, weiter zu gehen … … Es läuft zu der Gruppe der glücklichen Kinder, die am Horizont auf es warten … … Du gehst weiter, spazierst in deiner eigenen Geschwindigkeit dem Horizont entgegen und wirst müde … …

Achtsamkeit und Selbsttreue. Du findest einen schönen und bequemen Platz, an dem du dich von den Belastungen und von den Schmerzen deines Lebens erholen kannst … … einen Platz der Ruhe und Geborgenheit … … An deiner Seite erscheint der silberne Engel des Traumlandes … … der Schutzgeist und Helfer, der dir immer zur Seite steht … … mit seinen Flügeln deckt er dich zu, damit du ohne Angst schlafen kannst … … Dann schläfst du ein und während du schläfst, trägt dich der Engel auf seinen starken Armen zum Horizont … … dorthin, wo deine Zukunft beginnt … … Auch dort wird er bei dir sein und dich mit seinen Flügeln zudecken und beschützen … … heute und an jedem anderen Tag in deinem Leben … … Dann denkst du darüber nach, dass das Land der Träume ganz tief in dir drin ist … … Dort war es schon immer … … Ich erzähle dir nur davon … …

[Genieße noch eine Weile die sanfte Ruhe und tauche ein in dein Gefühl. Lass es unverstellt und echt sein und schenke deinem eigenen Gefühl Achtsamkeit und Respekt, was auch immer du spürst. Lass deine Atmung bewusst werden. Mit dem Wind deines Atems kommst du zurück in deinen Körper. Werde dir deines Körpers bewusst und schenke auch ihm Achtsamkeit und Würdigung. Nimm Kontakt auf zu der Unterlage, auf der du liegst, und stell dich darauf ein, mit dem Gefühl, das dich nun begleitet, wach zu werden. Dein Körper wird aktiv und du wirst nun wieder wach. Öffne die Augen und sei wieder wach!]

Sexueller Missbrauch durch Priester
Fünfte Sitzung (Abschlussritual)

[Du weißt, dass die Zeit des Missbrauchs dich verändert hatte. Sie hatte aus dir einen Menschen gemacht, der von Angst und Unsicherheit begleitet war. Du hattest das Vertrauen in andere Menschen verloren, hast immer wieder befürchtet, dass du machtvollen Menschen unterlegen sein wirst. Diese Erfahrung hast du dann auch gemacht, sie hat dich weiter bestätigt. Doch der Wunsch nach Freiheit und Unbeschwertheit ist immer geblieben. Du hast dich immer wieder auf den Weg gemacht, deine Hoffnung und dein Vertrauen wieder zu finden. Einerseits waren es dann Schuldgefühle, die dich begleitet haben, weil du damals keine Möglichkeit hattest, über all das zu reden und Schutz zu finden. So hattest du geglaubt, dass du niemals Menschen finden könntest, denen du vertrauen kannst. Andererseits hat dich auch oft diese ohnmächtige Wut ergriffen und du hast dir gewünscht, es möge allen Opfern des sexuellen Missbrauchs Gerechtigkeit widerfahren und damit auch dir. Dann hast du verstanden, dass Bestrafungen, Entschuldigungen und Aufarbeitungen seitens der Täter oder seitens Institutionen wichtig und notwendig sind, doch dass die Ungerechtigkeit von damals, das Leiden von damals und die Angst von damals nicht nachträglich verschwinden. Sie bleiben auf dem Platz der Erinnerung, denn all das ist geschehen in deinem Leben. Deine Gegenwart kann anders sein, deine Zukunft kann anders sein, doch die Vergangenheit wird bleiben. Du hast verstanden, dass es nicht um Verzeihen geht, sondern darum, die eigene Geschichte anzunehmen. Damit musst du keinen Täter entlasten, denn das wäre erneut eine Aufforderung, dich klein und unscheinbar zu machen und alleine zu bleiben. Es kommt nur darauf an, dass du deine Geschichte annehmen kannst, denn du hast nur diese eine.]

Ankommen im Land der Träume. Irgendwo in deiner Fantasie gibt es ein ganz besonderes Land ... ... ein Land, in dem du Zuflucht finden kannst ... ... in dem nur du bestimmst, was sein darf ... ... ein Land des Friedens und der Freiheit ... ... der Sicherheit und Geborgenheit ... ... das Land deiner Träume ... ... Was auch immer du verloren hast in deinem Leben ... ... was auch immer die gefehlt hat ... ... wonach du vergeblich und verzweifelt gesucht hast ... ... Hier findest du alles, was du brauchst, um befreit und glücklich zu leben ... ... Hier findest du alles, was du brauchst, um Heilung zu erfahren ... ... denn hier findest du immer dich selbst ... ... Also gehst du los, in deinen Gedanken und in deiner Fantasie machst du dich auf die Reise ... ... Du gehst in das Land der Träume ... ...

Distanzierung vom Bewussten. Du stehst am Ozean der Gefühle und siehst den Wellen zu ... ... Du schaust auf das hellblaue Wasser und du denkst noch einmal über all das nach, was in der Vergangenheit passiert war ... ... Du erinnerst dich an die Übergriffe des Priesters (Geistlichen) ... ... Du hattest ihm vertraut, dachtest Gott wäre bei den Priestern und würde so etwas nicht zulassen ... ... Viele Jahre lang hast du geschwiegen, wusstest nicht, wie du damit umgehen solltest oder konntest ... ... doch eines Tages hast du den Weg in das Land der Träume gefunden ... ... in dieses Land, das schon immer da war ... ... tief in dir ... ... Damals hast du dich oft in deine Fantasie geflüchtet, um alles zu ertragen ... ... Du hattest dich in das Land deiner Träume geflüchtet ... ... Heute bist du im Land der Träume nicht mehr auf der Flucht ... ... Heute bist du auf dem Weg zu dir und zu deiner Freiheit ... ... Du erinnerst dich daran, dass es auch andere Übergriffe in deinem Leben gab ... ... vielleicht weitere sexuelle oder gewaltvolle Übergriffe, doch auch emotionale ... ... wenn du dich klein gefühlt hast und unterlegen, machtvollen Menschen ausgewichen bist oder ihnen Folge geleistet hast, weil du zuviel Angst vor ihnen hattest ... ... oder weil du es nicht anders kanntest ... ... Dann gehst du los ... ... Du gehst am Ufer entlang ... ...

Bewusstseinsreinigung. Du kommst zu einem Rosenbogen mit lauter weißen Rosen ... ... Die Blüten leuchten wunderschön in reinem Weiß ... ... Du gehst zu dem Rosenbogen und mit jedem Schritt, den du darauf zu gehst, leuchten die Blüten der Rosen heller und heller ... ... strahlen weißes Licht aus wie kleine Laternen, die immer heller werden ... ... und mit jedem Schritt, den du gehst, strahlt auch dein Körper dieses weiße Licht aus ... ... Deine Hände schimmern weiß, wie von einem feinen weißen Nebel umgeben, der langsam deinen Körper verlässt und sich auflöst ... ... Du stehst unter dem Rosenbogen und das weiße Licht der Rosen verbindet sich mit dem Licht deines Körpers … … Du atmest tief ein und langsam und lange aus … … und mit dem Ausatmen gehst du mit einem großen Schritt unter dem Rosenbogen hindurch … …

Konfrontation und Klärung. Du gehst weiter am Ufer entlang und siehst weit draußen auf dem Wasser eine Insel, soweit entfernt, dass niemand dorthin schwimmen könnte … … Dann begegnest du einer Gruppe von Menschen, die auf dich gewartet haben … … Es sind Menschen, die in deinem Leben heute eine große Rolle spielen … … die mit dir leben und arbeiten … … Freunde und vielleicht auch Feinde … … Alle Menschen, mit denen du in deinem Alltag zu tun hast, sind hier versammelt … … Hier bist du im Land der Träume, in der Welt deiner Gefühle … … und alles, was du hier entscheidest, entscheidest du tief in dir … … Du dachtest lange, dass du nichts zu entscheiden hättest, dass nur andere Macht haben dürfen … … Doch in deinem Leben kannst und darfst und sollst nur du entscheiden, was sein darf … … Also entscheidest du im Land deiner Träume, wer dir emotional nahe sein darf, dein Leben weiter begleiten darf und wer auf Abstand gehen muss, damit du dich wohl fühlen kannst und ohne Angst sein kannst … … Zuerst treten also diejenigen nach vorne, die du in deiner Nähe haben willst, mit denen und bei denen du dich wohl fühlst … … Du rufst sie nach vorne und sie kommen zu dir … … Diese Menschen tun dir gut … … vielleicht sind auch schwierige oder anstrengende Charaktere dabei, vielleicht sogar Personen, mit denen du oft in Streit oder Konflikte gerätst … … Doch wenn dein Gefühl dir sagt, sie sollen da sein, dann kommen sie jetzt zu dir und begleiten dich, solange du es erlaubst … … Alle anderen kannst du jetzt auf Distanz bringen … … unter ihnen sind vielleicht Menschen, denen du dennoch in deinem wachen Alltag begegnest oder sogar mit ihnen umgehen musst … … Doch hier und heute kannst du diese Menschen ein für allemal auf einen Platz der inneren Distanz und Machtlosigkeit schicken … … Du sagst ihnen, dass du ihnen keine Macht mehr über dich und dein Leben einräumst, unabhängig davon, ob sie diese Macht nun gewollt und absichtlich ausgeübt haben oder nicht … … Du beendest die Macht und übernimmst selbst die Kontrolle über dein Leben … … Vor deinen Augen entsteht eine hellblaue Brücke, die sich über den Ozean streckt … … Es sieht aus, als wachse sie aus dem Ufer heraus …

... Sie geht bis zu der weit entfernten Insel ... ... Dann entsendest du die Menschen, die du auf Distanz bringen willst über diese Brücke auf die Insel ... ... Sie gehen wortlos über die hellblaue Brücke ... ... Im Land der Träume leistet jeder Folge und später auch in deiner wachen Wirklichkeit ... ... denn jede emotionale Entscheidung wird zur Wahrheit, wenn der richtige Augenblick dafür gekommen ist ... ... und wer weiß, vielleicht ist der richtige Augenblick ja gerade jetzt, an dem heutigen Tag ... ... oder er kommt morgen ... ... oder an jedem Tag deines Lebens erneut ... ... Die hellblaue Brücke löst sich als weißer Nebel auf ... ... Dann läufst du so schnell du kannst vom Ufer weg in das Land der Träume hinein ... ...

Schritt in die Gegenwart. Du kommst zum Fluss des Lebens, hörst das Wasser fließen ... ... Du stehst am Ufer und schaust auf das klare Wasser des Flusses ... ... Dann gehst du am Ufer entlang und vor dir erscheint eine goldene Brücke ... ... Sie entsteht vor deinen Augen, streckt sich über den Fluss und funkelt im Sonnenlicht ... ... die Brücke der inneren Freiheit, die dich in die Gegenwart bringt ... ... in die einzige Zeit, die wirklich existiert ... ... Vergangenheit ist nur noch Erinnerung ... ... Du gehst auf die Brücke und schaust auf das Wasser, das unter ihr hindurch fließt ... ... Es glitzert silbern im Licht der Sonne und die goldene Brücke der Freiheit spiegelt sich darin ... ... Dann gehst du auf die andere Seite des Flusses und kommst im Augenblick der Gegenwart an ... ...

Kreative Neuausrichtung. Du stehst in einem Blumenfeld mit lauter roten Blumen ... ... alle nur erdenklichen Blumen in der Farbe Rot, die im Land der Träume die Farbe der Selbstliebe ist ... ... der Liebe von dir für dich ... ... Liebe von dir für dich ... ... Dann atmest du tief ein und aus und spürst, dass es tief in dir diese positiven Gefühle für dich selbst tatsächlich gibt ... ... Zuneigung und Achtsamkeit, die du dir selbst entgegenbringen kannst ... ... Du berührst die roten Blüten mit deinen Händen und spürst die zarten Blütenblätter der roten Blumen, die deine Hände sanft und zärtlich streicheln ... ... Du gehst ganz nah mit dem Gesicht an die Blüten heran ... ... dann hörst du wie sie es dir zuflüstern: Liebe dich selbst, so wie du bist ... ... Liebe dich selbst, genau so wie du bist ... ...

Selbstversöhnung. Dann hörst du Kinderstimmen und schaust dich um … … Die Gruppe der glücklichen Kinder läuft dir entgegen … … Sie tragen rote Mäntel, die im Wind flattern … … und ganz vorne läuft dein inneres Kind, dieses Kind, das so aussieht wie du … … dieses Kind, das sein Leben genau so erlebt hat wie du … … dieses Kind, das du selbst bist … … Dein inneres Kind kommt zu dir und sagt dir, dass es nun an der Zeit ist, dass es selbst erwachsen wird … … Es verabschiedet sich von dir mit einer herzlichen Umarmung … … Am Horizont werdet ihr euch wiedersehen, wenn das Kind genau so groß und erwachsen ist wie du … … heute schon oder morgen … … oder an jedem Tag deines Lebens für einen kurzen Augenblick … …

Achtsamkeit und Selbsttreue. Du findest einen schönen und bequemen Platz, an dem du dich von den Belastungen und von den Schmerzen deines Lebens erholen kannst … … einen Platz der Ruhe und Geborgenheit … … An deiner Seite erscheint der silberne Engel des Traumlandes … … der Schutzgeist und Helfer, der dir immer zur Seite steht … … mit seinen Flügeln deckt er dich zu, damit du ohne Angst schlafen kannst … … Dann schläfst du ein und während du schläfst, trägt dich der Engel auf seinen starken Armen zum Horizont … … dorthin, wo deine Zukunft beginnt … … Auch dort wird er bei dir sein und dich mit seinen Flügeln zudecken und beschützen … … heute und an jedem anderen Tag in deinem Leben … … Dann denkst du darüber nach, dass das Land der Träume ganz tief in dir drin ist … … Dort war es schon immer … … Ich erzähle dir nur davon … …

[Genieße noch eine Weile die sanfte Ruhe und tauche ein in dein Gefühl. Lass es unverstellt und echt sein und schenke deinem eigenen Gefühl Achtsamkeit und Respekt, was auch immer du spürst. Lass deine Atmung bewusst werden. Mit dem Wind deines Atems kommst du zurück in deinen Körper. Werde dir deines Körpers bewusst und schenke auch ihm Achtsamkeit und Würdigung. Nimm Kontakt auf zu der Unterlage, auf der du liegst, und stell dich darauf ein, mit dem Gefühl, das dich nun begleitet, wach zu werden. Dein Körper wird aktiv und du wirst nun wieder wach. Öffne die Augen und sei wieder wach!]

Gewalt in der Kindheit
Erste Sitzung (Grundversion)

[Du bist als Kind geschlagen worden. Du kanntest Gewalt als etwas Schmerzhaftes und Unbegreifliches. Gleichzeitig war sie so alltäglich für dich, dass du angefangen hast zu glauben, dass es niemals anders sein wird und dass es vielleicht sogar normal sein könnte. Ein Teil von dir wusste immer, dass es nicht an dir lag und dass es eben nicht in Ordnung ist, geschlagen zu werden. Ein anderer Teil machte die Erfahrung, dass niemand da war, der dir zugehört hat, niemand, der auf dich aufgepasst hat oder dir geholfen hat. So entstand dann auch der Gedanke, dass du selbst etwas falsch gemacht haben könntest oder sogar, dass du es so verdient hättest. Du weißt heute, dass das nicht wirklich deinem Gefühl entsprach, es war ein Weg, das Ganze zu überleben und irgendwie durchzuhalten. Du hast durchgehalten, doch all das hat dich geprägt und verändert. Du wurdest misstrauisch dem Leben gegenüber, den Menschen gegenüber. Dein Misstrauen und deine heutige Angst und Unsicherheit sind wieder Wege und Strategien, um durchzukommen und zu überleben. Noch immer erlebst du, dass andere Menschen groß und mächtig scheinen, so wie du es damals eben auch erlebt hast. Manche sind mächtig und gefährlich, andere wiederum sind viel kleiner als du denkst. Du jedenfalls bist größer und stärker als du selbst dachtest.]

Ankommen im Land der Träume. Ich lade dich zu einer besonderen Reise ein … … eine Reise durch deine Gedanken und Gefühle … … irgendwo in deiner Fantasie … … Doch Fantasie und Wirklichkeit sind nur einen Wimpernschlag voneinander entfernt … … nur einen einzigen Atemzug … … und jede Fantasie kann Wahrheit werden, wenn du es so willst … … Du stellst dich also darauf ein, ganz tief in deiner Fantasie und Kreativität eine neue Wahrheit in deinem Leben zu finden … … in einem Land, in dem alles möglich ist, was du dir erdenken und erträumen kannst … … in einem Land ganz tief in deinem Gefühl … … im Land der Träume, das es in jedem Menschen gibt … … mit nur einem Atemzug gelangst du dorthin … … Es ist soweit … … Du gehst in das Land der Träume … …

Der heilsame Weg. Das Land der Träume ist ein besonderer Ort ganz tief in dir drin … … in deinen Gefühlen … … Im Land deiner Träume kannst du alles in Ordnung bringen, was dich stört und belastet … … alles, worunter du gelitten hast oder leidest, kann sich hier in inneren Frieden kehren … … und genau danach suchst du ja schon lange … … nach deinem inneren Frieden … … Du stehst auf einer riesigen Hochebene mit Blumenfeldern … … soweit dein Auge reicht, siehst du Blumenfelder und abseits der Felder liegen dunkle Täler … … . Du gehst auf die Blumenfelder zu … … Zuerst durchquerst du ein Feld mit grauem Geröll, mit brüchigen grauen Steinen … … Die Farbe Grau erinnert dich im Land der Träume daran, dass du viel Schlimmes und Leidvolles erlebt hast … … So viele Ereignisse und Erlebnisse deines Lebens sind wie diese grauen Steine … … vor allem die Erlebnisse der Gewalt in deiner Kindheit sind in deiner Erinnerung und in ihrer Wirkung wie dieses Geröll, das ständig unter deinen Füßen ist und deinen Weg prägt … … So wurde dein Lebensweg zu einem steinigen Weg, denn auch heute, lange Zeit nach dieser Gewalt, kannst du das Gefühl, unterlegen zu sein und dominiert zu werden … … Auch heute noch wird jeder Schritt deines Lebens zu einem Schritt über die Trümmer der Vergangenheit … … Du siehst die Blumenfelder und damit auch die Schönheit der Natur und des Lebens, doch stehst eben immer noch mit den Beinen in brüchigen Erinnerungen an Vergangenes … … Doch Schritt für Schritt gehst du weiter, mit dem Ziel, die Blumenfelder wirklich zu erreichen und neuen Boden unter den Füßen zu haben … … Die Farbe Grau zeigt dir im Land der Träume immer, dass es Erinnerungen gibt, die dich belasten, dass es Schatten der Vergangenheit gibt … … Schatten aus der Zeit als die Gewalt für dich Alltag war … … Diese Schatten reichen und wirken bis heute, doch du kannst sie auflösen … … Dann erreichst du ein Feld mit weißen Margeriten … … Der Boden in dem Feld ist samtweich … … Weiß ist die Farbe der Reinheit und Klarheit, der Reinigung … … Wo das Weiß ist, kann Grau nicht mehr existieren, die Farbe Weiß löst die grauen Schatten der Vergangenheit auf und beseitigt das alte Geröll … … Die weißen Margeriten zeigen dir, dass es die Hoffnung auf Befreiung von den alten Lasten im Land der Träume tatsächlich gibt … … Du gehst durch das Feld mit den weißen Margeriten und hörst wie die Blüten es dir zuflüstern … … Sie sagen: Alles wird anders im Land der

Träume ... ... alles wird anders ... ... Dann kommst du zu einem Feld mit goldgelben Sonnenblumen ... ... Du gehst durch das Feld und hast das Gefühl, dass du in einem Prozess der Erneuerung und des Lernens angekommen bist ... ... Die Farbe Goldgelb ist im Land der Träume die Farbe des Lernens und Verstehens und des Erkennens ... ... und du erkennst, dass es an der Zeit ist, alte Gedankenpfade zu verlassen, um dich selbst zu befreien ... ... Die goldgelben Sonnenblumen helfen dir dabei ... ... Sie flüstern dir zu: Du bist stärker als du denkst, du hast mehr gelernt als dir bewusst geworden ist ... ... Du kannst erkennen und verstehen und frei werden ... ... Dann erreichst du das hellblaue Feld der Vergissmeinnicht ... ... Die Farbe Hellblau ist die Farbe des liebevollen Annehmens und des Loslassens und Verzichtens ... ... indem du deine Lebensgeschichte annehmen kannst und sie so akzeptieren kannst wie sie nun mal war, befreist du dich selbst noch mehr, denn du verzichtest damit auf den Wunsch, die Vergangenheit ändern zu wollen ... ... ein menschlicher Wunsch, vielleicht auch ein schöner Traum ... ... Doch ändern kannst du das bereits Erlebte nicht mehr ... ... Die hellblauen Vergissmeinnicht helfen dir also beim Akzeptieren und beim Loslassen, vor allem auch beim Loslassen deines schlechten Gewissens und deiner stillen Schuldgefühle ... ... Du hast früher gedacht, du hättest etwas Falsches oder Böses getan und deswegen wäre dir Gewalt angetan worden ... ... Du hast die Schuld bei dir gesucht, weil niemand die Verantwortung für die Gewalt tragen wollte ... ... weil niemand da war, der dir gesagt hätte, dass du unschuldig warst ... ... niemand, dem du vertrauen konntest ... ... niemand, der dich beschützt hätte oder niemand, der dich beschützen konnte ... ... oder wollte ... ... Du hörst die hellblauen Blüten, die zu dir sprechen ... ... Sie flüstern dir ins Ohr: *Zer*brechen ist kein *Ver*brechen ... ... *Zer*brechen ist kein *Ver*brechen ... ... Manches in deinem Leben ist zerbrochen ... ... im Äußeren ... ... aber auch in deinem Inneren ... ... in deinem Vertrauen ... ... in deiner Seele ... ... Doch alles kann anders werden ... ... denn auch wenn du die Vergangenheit nicht mehr ändern kannst, so kannst du doch die Gegenwart ändern ... ... Gerade im Annehmen der eigenen Lebensgeschichte und im Loslassen des schlechten Gewissens, das niemals dein eigenes Gefühl war sondern nur entstehen konnte, weil niemand für dich da war, liegt auch die Möglichkeit der Befreiung und des Neuanfangs … … Du erreichst ein Feld mit silbernen Blumen … … deine Lieblingsblumen blühen hier mit silbernen Blütenblättern … … Diese besonderen Blüten gibt es nur im Land der Träume … … Sie zeigen dir, dass gerade das Besondere hier möglich ist … … dass du hier im Land der Träume Ziel erreichen kannst und wirst, die du selbst nicht für möglich gehalten hast … … Die silbernen Blumen flüstern dir zu: Vertraue auf deine Kraft und alles wird neu … … Deine Geschichte soll nicht umsonst gewesen sein … … es kann und wird Gutes daraus entstehen … … und das Gute, das aus deiner Lebensgeschichte erwächst, ist deine Kraft und Stärke, die dir ab heute ein selbstbestimmtes und freies Leben ermöglicht … … in innerem Frieden … … Frieden mit dir selbst … … Dann kommst du zu einem Feld mit roten Rosen … … Verliebte Menschen schenken sich rote Rosen als Zeichen der Liebe … … Hier im Land der Träume geht es vor allem um Selbstliebe … … Es geht darum, dass du dich selbst gut finden kannst … … dass du dich selbst annehmen und akzeptieren kannst … … dass du dich selbst schließlich lieben kannst, so wie du bist … … genau so wie du bist … … Du gehst durch das Feld der roten Rosen und berührst mit deinen Händen die zarten Blütenblätter … … dann hörst du wie sie es dir zuflüstern … … Sie flüstern: Liebe dich selbst wie du bist … … Liebe dich selbst, so wie du bist … … Dann läufst du immer schneller durch das Feld der roten Rosen … … Die Farbe Rot zeigt dir hier und überall im Land der Träume, dass es auf deine Selbstliebe ankommt … … Liebe von dir für dich … … Liebe von dir für dich … … und in der Mitte des Feldes findest du eine Quelle, aus der goldenes Wasser sprudelt … … Die schönste Quelle, die du jemals gesehen hast … … Goldenes Wasser sprudelt aus dieser Quelle und fließt zwischen den Rosen hindurch … … Die Farbe Gold ist die wertvollste Farbe … … Die goldene Quelle bringt reine Lebenskraft hervor … … Gold ist die Farbe der ursprünglichen Kraft tief in dir … … die Farbe deiner Lebenskraft, die du hier im Land der Träume finden kannst … … Sie liegt in der Schöpfung der Natur … … Sie liegt in dir selbst … … die größte Kraft, die dir zur Verfügung steht … … Du findest sie heute und an jedem Tag deines Lebens tief in dir … …

Du kommst zum Rand des Feldes und erreichst eine schöne Blumenwiese … … Du gehst durch das weiche Gras und überall stehen wilde Blumen … … Alle nur erdenklichen Farben kannst du hier sehen … … Sie zeigen dir die Vielfalt und Schönheit der Welt tief in dir … …

Emotionale Verankerung und Motivation. Das Land der Träume ist ein Land tief in dir selbst … … Es steht dir immer offen, du kannst jederzeit hier sein … … denn im Land der Träume fühlst du wieder, was du wirklich fühlst … … Hier denkst du wieder, was du wirklich denkst … … Hier erkennst du wieder, wer du wirklich bist … … Die Zeit der auferlegten Gefühle und Gedanken ist vorbei … … Du kennst jetzt das Land der Träume und kannst seine besondere Geschichte erleben … … Die Geschichte davon, dass du früher keine Möglichkeit hattest, deine eigenen Gefühle zu erzählen … … Diese Geschichte ist auch deine Geschichte … … die Geschichte deiner Angst und deiner Schuldgefühle … … Im Land der Träume wird sie dann auch zu dem Weg deiner Befreiung und zu deiner inneren Heilung … … Du machst dir also noch einmal klar, dass das Land der Träume ganz tief in dir drin ist … … Dort war es schon immer … … Ich erzähle dir nur davon … …

[Genieße noch eine Weile die sanfte Ruhe und tauche ein in dein Gefühl. Lass es unverstellt und echt sein und schenke deinem eigenen Gefühl Achtsamkeit und Respekt, was auch immer du spürst. Lass deine Atmung bewusst werden. Mit dem Wind deines Atems kommst du zurück in deinen Körper. Werde dir deines Körpers bewusst und schenke auch ihm Achtsamkeit und Würdigung. Nimm Kontakt auf zu der Unterlage, auf der du liegst, und stell dich darauf ein, mit dem Gefühl, das dich nun begleitet, wach zu werden. Dein Körper wird aktiv und du wirst nun wieder wach. Öffne die Augen und sei wieder wach!]

Gewalt in der Kindheit
Zweite Sitzung (Vergangenheitsbewältigung)

[Du bist als Kind geschlagen worden. Immer und immer wieder, warst den Angriffen und Übergriffen ausgeliefert. Du warst viel zu klein, um dich wehren zu können. Und niemand war da, der dir geholfen hat. Also hast du irgendwie versucht durchzuhalten und zu überleben. Doch all das hat dich verändert. Du hast einen Teil der Angst bis heute behalten, hast immer wieder andere Situationen erlebt, in denen du dich klein und schwach gefühlt hast. Du hast viele Menschen als übermächtig wahrgenommen. So hast du immer wieder versucht, durchzuhalten und zu überleben. Es ist dir gelungen, doch du willst mehr erreichen als nur zu überleben. Du willst die Lasten der Vergangenheit loslassen, willst frei werden und frei bleiben. Du musstest deine eigenen Gefühle und deine Not immer wieder verstecken, immer wieder so tun, als wäre alles in Ordnung. Auf diesem Weg, den du gehen musstest um zu überleben, hast du viele deiner Gefühle scheinbar verloren. Doch sie sind noch da. Deine wahren Gefühle liegen tief in dir und helfen dir bei der Befreiung.]

Ankommen im Land der Träume. Ich lade dich zu einer besonderen Reise ein … … eine Reise durch deine Gedanken und Gefühle … … irgendwo in deiner Fantasie … … Doch Fantasie und Wirklichkeit sind nur einen Wimpernschlag voneinander entfernt … … nur einen einzigen Atemzug … … und jede Fantasie kann Wahrheit werden, wenn du es so willst … … Du stellst dich also darauf ein, ganz tief in deiner Fantasie und Kreativität eine neue Wahrheit in deinem Leben zu finden … … in einem Land, in dem alles möglich ist, was du dir erdenken und erträumen kannst … … in einem Land ganz tief in deinem Gefühl … … im Land der Träume, das es in jedem Menschen gibt … … mit nur einem Atemzug gelangst du dorthin … … Es ist soweit … … Du gehst in das Land der Träume … …

Distanzierung vom Bewussten. Du stehst auf einem breiten Weg in einem Wald und hörst die Klänge der Natur … … das Plätschern von Wasser und Vögel, die zwitschern … … und mit jedem Schritt, den du gehst, versinkst du tiefer in deinen eigenen Gedanken … … verlierst dich allmählich in den Bildern der Natur und lässt die Farben auf dich wirken … … Gedanken werden bedeutungslos und du lässt dich immer mehr von deinem Gefühl leiten … … Also verlässt du den breiten Weg und gehst einfach zwischen den Bäumen hindurch … … auf dem weichen Waldboden gehst du wie auf einem Teppich … … Das Geräusch des Wassers wird deutlicher und du entdeckst einen Fluss, der durch den Wald führt … … Du gehst flussaufwärts … …

Bewusstseinsreinigung. Du kommst zu einem kleinen Wasserfall … … Er bringt klares, reines Wasser in den Fluss … … und im Fluss liegen große flache Steine, die vom Ufer zum Wasserfall führen, sodass du trockenen Fußes dorthin gehen kannst … … Du gehst über die Steine zum Wasserfall, um deine Hände im kühlen Wasser zu waschen … … Du stehst auf einem dicken großen Stein direkt vor dem herabfließenden Wasser … … und plötzlich strahlt intensives, weißes Licht durch den Wasserfall … … Es leuchtet dir entgegen und lässt das herabströmende Wasser wunderschön glitzern und funkeln … … Du streckst die Hände durch den Wasserfall als wolltest du das Licht ergreifen … … und das Licht strömt durch deine Hände in deinen Körper, der anfängt, weiß zu leuchten … … Von dem weißen Licht erfasst, gehst du mit einem großen Schritt unter dem Wasserfall hindurch … …

Konfrontation und Klärung. Du stehst in einem breiten Tal, das von dem Licht der Sonne durchflutet wird … … Du hörst die Klänge der Natur, Wasser und das Zwitschern der Vögel, die dich einladen, dieses Tal zu erkunden … … und je weiter du durch das Tal gehst, mit jedem Schritt, den du machst, wird das Tal breiter und weiter … … und wird zur weiten, offenen Landschaft, die du gut überblicken kannst … … Du kommst zu einem Sonnenblumenfeld … … Die kräftigen Blüten der Sonneblumen leuchten goldgelb … … Du gehst durch das Feld mit den Sonnenblumen … … gehst einfach zwischen den goldgelben Sonnenblumen hindurch … … und erinnerst dich an die Zeit deiner Kindheit, als die Gewalt immer um dich herum war, ständig präsent … … und du immer in Gefahr … … Die Sonneblumen sind so groß, dass die Blüten auf Höhe deines Kopfes sind … … In diesem Feld mit den großen Blumen ist es, als wärst du ganz klein … … Dann entdeckst du eine Lichtung zwischen den Sonnenblumen, auf der eine riesige Seifenblase liegt ... ... Sie ist so groß, dass ein ganzes Haus hineinpassen würde ... ... Du greifst mit den Händen durch die Wände der Seifenblase und schlüpfst schließlich ganz hinein ... ... Im Inneren stehst du plötzlich in einer anderen Zeit ... ... in der Zeit deiner Kindheit ... ... Du bist als Besucher hier und kannst dir alles in Ruhe ansehen ... ... Du bist in vollkommener Sicherheit ... ... Im Land der Träume kann nur das geschehen, was du zulässt ... ... Du schaust dir noch einmal an, wie das damals war ... ... siehst Bilder und Szenen der Gewalt, die dir angetan wurde ... ... Du siehst die Personen, die daran beteiligt waren ... ... denjenigen oder diejenigen, die dich ge- schlagen haben ... ... diejenigen, die es geduldet haben ... ... und diejenigen, die weggesehen haben ... ... Damals hättest du jemanden ge- braucht, der dir geholfen hätte ... ... jemanden, der dir gesagt hätte, dass er dich liebt und dass du unschuldig bist ... ... doch es kam anders ... ... So hast du gelernt, misstrauisch zu werden, den Menschen nicht mehr zu trauen ... ... und mehr noch, du hast angefangen, dir selbst nicht mehr zu trauen ... ... zu denken, dass du es bist, der zu viele Fehler macht ... ... Heute weißt du, dass das ein Irrtum war ... ... Du weißt, dass du eben unschuldig warst und bist ... ... Also ist heute etwas voll- kommen anderes möglich ... ... Heute lernt dein tiefes Inneres, wie du dir selbst wieder vertrauen kannst und dich selbst ernst nehmen kannst ... ... damit du dich wieder um dich selbst kümmern kannst und deinen tatsächlichen Gefühlen, deinen wahren Gefühlen folgen kannst ... ... Damals musstest du Angst lernen, heute lernst du von den gleichen Bildern und Ereignissen, selbstbestimmt und stark zu sein ... ... Heute ist es möglich und es geschieht ganz von selbst ... ... Du musst dich nicht bemühen oder anstrengen ... ... Du vertraust auf das Land der Träume, das für dich alles wieder in Ordnung bringt ... ... Du gehst aus der Seifenblase der Erinnerung wieder nach draußen und stehst zwi- schen den goldgelben Sonnenblumen ... ... Du gehst weiter, durchquerst dieses Feld Schritt für Schritt und lässt dich nur von deinem Gefühl lei- ten, das dir den Weg immer zeigen kann ... ... Du drehst dich noch ein- mal um und siehst, dass die Seifenblase zerplatzt ... ... Vergangenheit ist vergangen ... ... Sie ist vorbei und du hast alles gelernt, was du dort lernen konntest ... ... Du kommst zum Rand des Feldes ... ... Dein Weg führt dich zu einem frisch geschnittenen Rasen ... ... wie auf einem weichen Teppich gehst du auf dem Rasen ... ...

Schritt in die Gegenwart. Du hörst das Wiehern von Pferden und siehst dich um ... ... Du entdeckst eine goldene Kutsche, die von sechs goldenen Pferden gezogen wird ... ... die Kutsche der inneren Freiheit ... ... Du begegnest ihr nur dann, wenn der richtige Augenblick gekommen ist, aus der Vergangenheit in die Gegenwart zu gehen ... ... in die einzige Zeit, die es wirklich gibt ... ... Die Pferde werden langsamer und die Kutsche hält an ... ... Nun ist es an der Zeit, einzusteigen ... ... Die Kutsche wartet auf dich ... ... Du steigst also in die Kutsche, die sofort losfährt ... ... Die Pferde laufen schneller und schneller und du schläfst ein ... ... und als du wieder wach wirst, ist die Kutsche verschwunden ... ... Du liegst auf einer Blumenwiese und kommst im Augenblick der Gegenwart an ... ...

Kreative Neuausrichtung. Es wird langsam dunkel und du findest einen schönen Platz in der Natur, an dem du dich zum Schlafen hinlegen kannst ... ... eine schöne bequeme Hängematte mit einer Wolldecke ... ... Du legst dich in die Hängematte und schaust an den Nachthimmel ... ... Der Mond leuchtet silbern ... ... und im silbernen Mondlicht schläfst du ein und fängst an zu träumen ... ... Du träumst einen schönen Traum davon, wie schön es sein wird, sobald du auch in deinem wachen Alltag die Vergangenheit ganz losgelassen hast und selbstbestimmt und mutig deinen Weg gehst ... ... Du siehst dich selbst in deinem Alltag ... ... erkennst, dass die Menschen dich respektieren und achten ... ... dass du zum Vorbild für ängstliche Menschen wirst, die sich auch von der Last ihrer Vergangenheit befreien möchten ... ... Du genießt deinen Traum, denn Träume können Wahrheit werden, wenn die richtige Zeit dazu gekommen ist ... ... und wer weiß, vielleicht ist der richtige Zeitpunkt ja heute schon ... ... oder morgen ... ... oder an jedem Tag deines Lebens ein weiteres Stück ... ...

Selbstversöhnung. Im goldgelben Licht der aufgehenden Sonne siehst du die Silhouette eines Kindes auf dich zukommen ... ... Es scheint als käme es direkt aus der Sonne zu dir ... ... Es tritt ganz nah an dich heran und schaut dich überrascht an ... ... es scheint sich zu wundern und auch zu freuen, dass du hier bist ... ... Dann erkennst du in den Augen des Kindes den Glanz deiner eigenen Augen ... ... in dem Lächeln des Kindes dein eigenes Lächeln ... ... Dann erkennst du, dass dieses Kind im Land der Träume genau so aussieht wie du als Kind ausgesehen hast ... ... Es ist dein inneres Kind, mit all seiner Not, doch auch mit seiner Hoffnung und Zuversicht ... ... Du nimmst dieses Kind ganz fest in die Arme und schenkst ihm all deine Zuwendung und Liebe ... ... Dann siehst du ganz viele Kinder aus der aufgehenden Sonne kommen und auf dich zu laufen ... ... Es sind die glücklichen Kinder, die befreiten und erlösten Kinderseelen, die hier sind, um dein inneres Kind zum Horizont zu begleiten, denn dort beginnt deine Zukunft ... ... Das Kind verabschiedet sich vorn dir und läuft mit den glücklichen Kindern zum Horizont ... ... Deine Liebe begleitet das innere Kind ... ...

Achtsamkeit und Selbsttreue. Dann gehst du über die Blumenwiese und findest einen schönen Platz mit lauter roten Blumen ... ... Rosen ohne Dornen ... ... Mohnblumen, die rot leuchten ... ... und viele weitere Blumen in der Farbe Rot ... ... Die Farbe der Liebe von dir für dich ... ... Liebe von dir für dich ... ... Voller Vertrauen und Zuversicht legst du dich auf den warmen Boden ins Gras und fängst an zu träumen ... ... Und in der Ferne hörst du das Lachen der glücklichen Kinder im Wind ... ... Und weil du weißt, dass es deine eigenen Stimmen sind, die du hörst, hallt auch dein Lachen durch das Land der Träume ... ... Dann fällt dir wieder ein, dass das Land der Träume ganz tief in dir drin ist ... ... Dort war es schon immer ... ... Ich erzähle dir nur davon ... ...

[Genieße noch eine Weile die sanfte Ruhe und tauche ein in dein Gefühl. Lass es unverstellt und echt sein und schenke deinem eigenen Gefühl Achtsamkeit und Respekt, was auch immer du spürst. Lass deine Atmung bewusst werden. Mit dem Wind deines Atems kommst du zurück in deinen Körper. Werde dir deines Körpers bewusst und schenke auch ihm Achtsamkeit und Würdigung. Nimm Kontakt auf zu der Unterlage, auf der du liegst, und stell dich darauf ein, mit dem Gefühl, das dich nun begleitet, wach zu werden. Dein Körper wird aktiv und du wirst nun wieder wach. Öffne die Augen und sei wieder wach!]

Gewalt in der Kindheit

Dritte Sitzung (Loslassen der Schuldgefühle)

[Wenn du heute über die Gewalt nachdenkst, die du als Kind erlebt hast, die dir als Kind angetan wurde, dann weißt du, dass sie nie hätte geschehen dürfen. Du weißt und fühlst in dir, dass Gewalt gegen Menschen, Gewalt gegen Kinder, nicht richtig ist. Doch als Kind hast du anders gedacht, weil du es einfach anders gelernt hattest. Weil du deine eigenen Gefühle nicht haben durftest und sogar dafür bestraft und geschlagen wurdest, hast du angefangen, an dir zu zweifeln. Du hast geglaubt, dass es deine Schuld wäre, dass du etwas Falsches oder Böses getan haben musst, um so geschlagen zu werden. Vielleicht hast du anfangs noch das Gefühl gehabt, dass die Schläge ungerecht und falsch waren. Möglicherweise hast du auch immer gewusst, dass es so nicht richtig war. Doch gleichzeitig gab es dann einen Teil von dir und in dir, der angefangen hat zu glauben, dass du die Schläge verdient hattest. Das musste so geschehen, denn als Kind hattest du niemanden, der dir gesagt hat, dass es falsch war. Es war niemand da, der dir geholfen hat in deiner Not. Du weißt heute, dass die Schläge und die Gewalt falsch waren. Nun ist es Zeit, die alten Schuldgefühle, die niemals deine eigenen waren, loszulassen. Sie wurden dir eingeredet. Sie haben ausgedient. Du bist unschuldig! Du warst es immer!]

Ankommen im Land der Träume. Ich lade dich zu einer besonderen Reise ein … … eine Reise durch deine Gedanken und Gefühle … … irgendwo in deiner Fantasie … … Doch Fantasie und Wirklichkeit sind nur einen Wimpernschlag voneinander entfernt … … nur einen einzigen Atemzug … … und jede Fantasie kann Wahrheit werden, wenn du es so willst … … Du stellst dich also darauf ein, ganz tief in deiner Fantasie und Kreativität eine neue Wahrheit in deinem Leben zu finden … … in einem Land, in dem alles möglich ist, was du dir erdenken und erträumen kannst … … in einem Land ganz tief in deinem Gefühl … … im Land der Träume, das es in jedem Menschen gibt … … mit nur einem Atemzug gelangst du dorthin … … Es ist soweit … … Du gehst in das Land der Träume … …

Distanzierung vom Bewussten. Du stehst auf einer Wiese und hörst das Geräusch fließenden Wassers ... ... Nur wenige Schritte von dir entfernt verläuft ein kleiner Fluss, dessen kristallklares Wasser deine Gedanken mit auf die Reise nimmt ... ... So wie das kühle Wasser des Baches leicht und flink über die Steine gleitet, so gleiten deine Gedanken von dir ab und du achtest nur noch auf dein Gefühl ... ... Du schaust verträumt auf das Wasser und dein Gefühl verliert sich allmählich in dem Geräusch des Wassers und im Zwitschern der Vögel ... ... Du gehst am Ufer des Flusses entlang, folgst seinem Fließen, dem Rhythmus der Natur ... ... Eine hölzerne Brücke führt dich auf die gegenüberliegende Seite, dort folgst du weiter dem Weg des Wassers, das immer tiefer in das Land der Träume hinein fließt ... ... mit dem sanften Rauschen des Wassers gehst auch du immer tiefer in die Welt der Träume und Fantasien ... ... Dein Gang wird immer leichter und spielerischer ... ... Du bewegst dich so wie das Wasser des Flusses ... ... folgst einfach deiner inneren Bewegung ... ... deinem vorgezeichneten Weg, der schon immer da war ... ... lässt dich selbst einfach treiben in deiner Fantasie ... ...

Bewusstseinsreinigung. Du kommst zu einem kleinen Wasserfall ... ... Er bringt klares, reines Wasser in den Fluss ... ... und im Fluss liegen große flache Steine, die vom Ufer zum Wasserfall führen, sodass du trockenen Fußes dorthin gehen kannst ... ... Du gehst über die Steine zum Wasserfall, um deine Hände im kühlen Wasser zu waschen ... ... Du stehst auf einem dicken großen Stein direkt vor dem herabfließenden Wasser ... ... und plötzlich strahlt intensives, weißes Licht durch den Wasserfall ... ...Es leuchtet dir entgegen und lässt das herabströmende Wasser wunderschön glitzern und funkeln ... ... Du streckst die Hände durch den Wasserfall als wolltest du das Licht ergreifen ... ... und das Licht strömt durch deine Hände in deinen Körper, der anfängt, weiß zu leuchten ... ... Von dem weißen Licht erfasst, gehst du mit einem großen Schritt unter dem Wasserfall hindurch ... ...

Konfrontation und Klärung. Hinter dem Wasserfall ist eine Höhle ... ... Du gehst in die Höhle, weil du das Gefühl hast, dass du hier dein schlechtes Gewissen und all die versteckten Schuldgefühle finden und auflösen kannst ... ... Dann hörst du Kinderstimmen leise flüstern ... ... Sie sagen

„Du bist auf dem rechten Weg" ... ... „Geh tiefer in die Höhle hinein" ...
... und in der Dunkelheit der Höhle siehst du kleine weiße Gestalten ...
... Kindergestalten mit weißen, leuchtenden Mänteln ... ... Die Gruppe
der glücklichen Kinder ist bei dir ... ... Die kleinen Kinderhände stre-
cken sich dir entgegen und schenken dir eine weiße Kerze ... ... Das
Licht der Kerze leuchtet in einem reinem Weiß und strahlt eine angenehme Wärme aus ... ... Du nimmst die Kerze und die Kinder verschwinden in der Dunkelheit ... ... Du trägst die brennende Kerze mit
dir und mit jedem Schritt, den du tiefer in die Höhle gehst, wird das
weiße Leuchten der Kerze heller ... ... Du kannst die grauen Wände der
Höhle erkennen ... ... Sie färben sich weiß in dem Licht der Kerze ... ...
Du erreichst schließlich einen großen Raum in der Höhle ... ... Das Licht
der Kerze ist so hell geworden, dass der gesamte Raum von weißem
Licht durchflutet wird ... ... Von der Decke der Höhle tropft Wasser ...
... Ein paar Wassertropfen fallen dir ins Gesicht ... ... Sie schmecken
salzig wie Tränen ... ... ungeweinte Tränen, die hier in der Tiefe auf dich
gewartet haben ... ... Du denkst an die Zeit der Gewalt ... ... an deine
Angst und an dein Hoffen auf Befreiung ... ... und auch daran, dass du
eben immer dachtest, dass du etwas Falsches oder etwas Böses getan
haben musstest, weil all das geschah ... ... Dann entdeckst du in der
Mitte des Raumes eine große graue Kugel ... ... Sie sieht aus wie eine
steinerne Kugel, die tief in dieser Höhle liegt ... ... Du berührst die Kugel mit einer Hand und spürst die alten Schuldgefühle ... ... Sie stecken
in dieser grauen Kugel ... ... dein ganzes schlechtes Gewissen, die
Schuldgefühle, die niemals deine eigenen waren ... ... Du spürst, dass
das Gefühl der Schuld in dieser Kugel ist ... ... Doch du entdeckst ein
Loch in dieser Kugel, durch das du hineingreifen kannst ... ... Du
streckst eine Hand hindurch und spürst dabei die alten Schuldgefühle
noch intensiver ... ... Es fühlt sich so an wie damals ... ... Doch heute
beendest du diese alte Schuld, die niemals real war ... ... Du nimmst die
Kerze und stellst sie durch das Loch ins Innere der grauen Kugel und
gehst einen Schritt zurück, um die Kugel genau zu betrachten ... ... Die
weiße Kerze wird noch heller und strahlt durch die Wände der Kugel ...
... Die ganze Kugel färbt sich weiß und strahlt wie eine helle Lampe
nach allen Seiten ... ... Die Höhle wird vollkommen ausgeleuchtet mit
weißem Licht ... ... und im gleichen Augenblick atmest du die alten

Schuldgefühle aus … … Sie lösen sich in dem weißen Licht auf … … Du entdeckst einen Ausgang der Höhle und gehst darauf zu … … Die Kerze lässt du als ewiges Licht in der Kugel leuchten, die zur Kugel des reinen Gewissens wird … … Du gehst aus der Höhle … …

Schritt in die Gegenwart. Du hörst das Wiehern von Pferden und siehst dich um … … Du entdeckst eine goldene Kutsche, die von sechs goldenen Pferden gezogen wird … … die Kutsche der inneren Freiheit … … Du begegnest ihr nur dann, wenn der richtige Augenblick gekommen ist, aus der Vergangenheit in die Gegenwart zu gehen … … in die einzige Zeit, die es wirklich gibt … … Die Pferde werden langsamer und die Kutsche hält an … … Nun ist es an der Zeit, einzusteigen … … Die Kutsche wartet auf dich … … Du steigst also in die Kutsche, die sofort losfährt … … Die Pferde laufen schneller und schneller und du schläfst ein … … und als du wieder wach wirst, ist die Kutsche verschwunden … … Du liegst auf einer Blumenwiese und kommst im Augenblick der Gegenwart an … …

Kreative Neuausrichtung. Du stehst plötzlich auf einem frisch gepflügten Feld … … Du gehst Schritt für Schritt und plötzlich wachsen kleine Triebe aus dem Boden … … Wunderschöne Pflanzen wachsen aus dem Boden des Feldes … … Du kannst ihnen beim Wachsen zusehen … … Dann entdeckst du plötzlich auf dem Feld eine kleine weiße Kugel … … eine Kugel deines reinen Gewissens … … die Kugel des freien Gefühls und der Unschuld … … Und auch diese Kugel wächst wie eine Pflanze vor deinen Augen … … Sie wird immer größer … … mit jedem Atemzug wird die weiße Kugel der Befreiung größer … … und du fühlst dich befreit von dem schlechten Gewissen … … Die weiße Kugel wird noch größer werden … … an jedem Tag deines weiteren Lebens größer … … Dann kommst du zu einer Blumenwiese und erblickst einen Apfelbaum… …

Selbstversöhnung. Du wirst müde von den Anstrengungen der vielen schweren Jahre und des langen Leidens und der Erinnerung und legst dich auf die Blumenwiese in den Schatten des Apfelbaumes … … An dem Baum hänge reife, rote Äpfel … … Du schaust in den Sonnenuntergang, der den Himmel dunkelrot färbt und aus der Sonne kommt dein inneres Kind zu dir ... ... Es trägt einen Korb mit Blüten ... ... Tausend Blüten von roten Rosen ... ... Das Kind legt dir die zarten Blüten wie eine Decke unter den Baum, damit du weich und sanft liegen kannst ... ... Auch du hast ein Geschenk für das Kind ... ... Du pflückst den größten und schönsten roten Apfel vom Baum als Zeichen deiner Liebe und schenkst diesen süßen Apfel dem inneren Kind im Land der Träume, dem Kind in dir ... ... Du spürst die Liebe des Kindes, die deine Selbstliebe ist ... ... Liebe von dir für dich ... ... Liebe von dir für dich ... ... Das Kind verabschiedet sich und läuft weiter ... ...

Achtsamkeit und Selbsttreue. Dann gehst du über die Blumenwiese und findest einen schönen Platz mit lauter roten Blumen ... ... Rosen ohne Dornen ... ... Mohnblumen, die rot leuchten ... ... und viele weitere Blumen in der Farbe Rot ... ... Die Farbe der Liebe von dir für dich ... ... Liebe von dir für dich ... ... Voller Vertrauen und Zuversicht legst du dich auf den warmen Boden ins Gras und fängst an zu träumen ... ... Und in der Ferne hörst du das Lachen der glücklichen Kinder im Wind ... ... Und weil du weißt, dass es deine eigenen Stimmen sind, die du hörst, hallt auch dein Lachen durch das Land der Träume ... ... Dann fällt dir wieder ein, dass das Land der Träume ganz tief in dir drin ist ... ... Dort war es schon immer ... ... Ich erzähle dir nur davon ... ...

[Genieße noch eine Weile die sanfte Ruhe und tauche ein in dein Gefühl. Lass es unverstellt und echt sein und schenke deinem eigenen Gefühl Achtsamkeit und Respekt, was auch immer du spürst. Lass deine Atmung bewusst werden. Mit dem Wind deines Atems kommst du zurück in deinen Körper. Werde dir deines Körpers bewusst und schenke auch ihm Achtsamkeit und Würdigung. Nimm Kontakt auf zu der Unterlage, auf der du liegst, und stell dich darauf ein, mit dem Gefühl, das dich nun begleitet, wach zu werden. Dein Körper wird aktiv und du wirst nun wieder wach. Öffne die Augen und sei wieder wach!]

Gewalt in der Kindheit
Vierte Sitzung (Verzicht auf Wiedergutmachung)

[Du hast dich mit der Gewalt in deiner Kinderzeit auseinandergesetzt, hast verstanden, dass du oftmals und über lange Zeit hinweg deine wahren Gefühle nicht mehr haben durftest und deswegen Gefühle entwickelt hast, die niemals deine eigenen waren. Vor allem waren das Gefühle von vermeintlicher Schuld und das schlechte Gewissen, weil du dachtest, an dir wäre etwas falsch oder du wärst böse und schlecht gewesen. Du weißt, dass das ein Irrtum des Kindes war, dem niemand gesagt hat, dass es liebenswert und gut ist. Du hast auch Gedanken der Vergeltung gehabt, das ist menschlich. Dann hast du darüber nachgedacht, wie dein Leben heute wäre, wenn all das nicht geschehen wäre, wenn du vielleicht anders oder mit anderen Menschen aufgewachsen wärst. In deinen Träumen hast du dir gewünscht, es möge alles anders gewesen sein. Könntest du in die Vergangenheit reisen, um sie zu ändern, würdest du das vielleicht gerne tun. Doch das ist nicht möglich. Die Vergangenheit ist bereits geschehen und wird sich niemals wiederholen. Deine Geschichte ist eine Geschichte einer Kindheit mit Gewalt und Schlägen. Du kannst und darfst das betrauern, denn das hilft dir, den Wunsch nach Wiedergutmachung zu überwinden. Wiedergutmachung kann es nicht geben, denn nichts auf der Welt könnte das Geschehene ungeschehen machen. Ich helfe dir nun dabei, deine eigene Lebensgeschichte anzunehmen und damit deine Gegenwart und deine Zukunft selbstbestimmt gestalten zu können.]

Ankommen im Land der Träume. Ich lade dich zu einer besonderen Reise ein … … eine Reise durch deine Gedanken und Gefühle … … irgendwo in deiner Fantasie … … Doch Fantasie und Wirklichkeit sind nur einen Wimpernschlag voneinander entfernt … … nur einen einzigen Atemzug … … und jede Fantasie kann Wahrheit werden, wenn du es so willst … … Du stellst dich also darauf ein, ganz tief in deiner Fantasie und Kreativität eine neue Wahrheit in deinem Leben zu finden … … in einem Land, in dem alles möglich ist, was du dir erdenken und erträumen kannst … … in einem Land ganz tief in deinem Gefühl … … im Land der Träume, das es in jedem Menschen gibt … … mit nur einem Atemzug gelangst du dorthin … … Es ist soweit … … Du gehst in das Land der Träume … …

Distanzierung vom Bewussten. Du stehst auf einem Weg, der aussieht, als wäre er gerade erst gebaut worden … … Du gehst zum ersten Mal diesen Weg und auch niemand sonst ist ihn je gegangen … … Du gehst an einem Fluss entlang und lässt deine Gedanken wandern … … und bald schon verlieren sich deine Gedanken im unaufhörlich fließenden Wasser … … Du gehst mit jedem Schritt tiefer in das Land der Träume … … tiefer in die Welt deiner Erinnerungen … … tiefer in die Welt deiner Gefühle … … Du versinkst in deinem eigenen Gefühl … … und was auch immer du jetzt gerade fühlst, du vertraust darauf, dass alle deine Gefühle nur noch deine eigenen und deine wahren Gefühle sind … … so bist du ganz bei dir selbst … …

Bewusstseinsreinigung. Du kommst zu einem kleinen Wasserfall … … Er bringt klares, reines Wasser in den Fluss … … und im Fluss liegen große flache Steine, die vom Ufer zum Wasserfall führen, sodass du trockenen Fußes dorthin gehen kannst … … Du gehst über die Steine zum Wasserfall, um deine Hände im kühlen Wasser zu waschen … … Du stehst auf einem dicken großen Stein direkt vor dem herabfließenden Wasser … … und plötzlich strahlt intensives, weißes Licht durch den Wasserfall … …Es leuchtet dir entgegen und lässt das herabströmende Wasser wunderschön glitzern und funkeln … … Du streckst die Hände durch den Wasserfall als wolltest du das Licht ergreifen … … und das Licht strömt durch deine Hände in deinen Körper, der anfängt, weiß zu leuchten … … Von dem weißen Licht erfasst, gehst du mit einem großen Schritt unter dem Wasserfall hindurch … …

Konfrontation und Klärung. Du kommst auf der anderen Seite an und erkennst die gleiche Umgebung wie vor dem Wasserfall … … Alles sieht genauso aus, als wärst du in einem Spiegelbild des Traumlandes … … Du siehst die Steine im Fluss, die genauso den Weg vom Ufer zum Wasserfall bilden wie auf der Seite vor dem Wasserfall … … Du stehst also wieder vor einem Wasserfall … … gehst über die Steine im Fluss zum Ufer … … Du kennst dich hier aus, denn alles sieht so aus wie auf der

Seite, auf der du losgegangen bist ... ... Du bist immer noch im Land der Träume ... ... doch du bist der einzige, der den Wasserfall passieren kann um in das Spiegelbild des Traumlandes zu gelangen ... ... Du stehst am Ufer und siehst eine menschliche Gestalt auf dich zu kommen ... ... eine Person, in einen grauen Umhang gehüllt ... ... Dieser Mensch kommt näher, doch bleibt in einigen Metern Entfernung stehen ... ... Du erkennst den Täter der damaligen Zeit ... ... den Menschen, der dir Gewalt angetan hat ... ... hier und heute im Land der Träume kann dir nichts mehr geschehen ... ... Auf dieser Seite des Wasserfalls ist alles wie ein Spiegelbild, wie eine Reflexion oder eine Fata Morgana ... ... Du kannst in jedem Bild deiner Erinnerung stehen, doch nichts kann dich angreifen oder dich berühren ... ... Du denkst zurück an die Zeit der Gewalt ... ... an die Schuldgefühle, die nicht wirklich deine eigenen waren ... ... und du hast sie losgelassen, kannst sie immer wieder loslassen ... ... Dann fällt dir ein, dass du auch Wünsche nach Vergeltung und Rache hattest, vielleicht sogar jetzt haben könntest ... ... Wenn das so sein sollte, dann ist das in Ordnung, denn deine eigenen Gefühle können niemals falsch sein ... ... Es kommt nur auf deine Handlungen an ... ... und du überlegst, welche Handlung jetzt die richtige sein kann, vielleicht weißt du es aber auch schon ... ... So oft hast du dir gewünscht, all das möge nicht geschehen sein ... ... Du hast dir ausgemalt, wie es wohl wäre, wenn du eine andere Geschichte gehabt hättest ... ... eine andere Kindheit mit anderen Menschen um dich herum ... ... Doch so schön diese Träume auch sein mögen, deine Geschichte gehört zu dir ... ... eine andere hast du nicht ... ... Vergangenheit kann nicht mehr geändert werden ... ... Du kannst deine Gegenwart ändern, indem du deine Vergangenheit so annimmst, wie sie nun mal war ... ... Vielleicht willst du dem Täter von damals etwas sagen ... ... Sag ihm jetzt, was auch immer du sagen willst ... ... Wenn du wütend bist, ist das ebenso in Ordnung wie traurig und enttäuscht zu sein ... ... Was auch immer du sagen willst, du beendest es hier und heute ... ... Du weißt, dass dieser Mensch und seine Taten der Vergangenheit angehören ... ... deiner Vergangenheit ... ... und sollte diese Person in deinem heutigen Leben noch eine für dich wichtige Rolle spielen oder du ihm immer noch begegnen, dann weißt du dennoch, dass die Gewalt und die Gefahr in der Vergangenheit liegen ... ... Dieser Teil des Täters wird für immer im Spiegelbild bleiben und kann niemals in das Land deiner Träume gelangen, denn er ist vergangen ... ... Nun ist es an der Zeit, deine Geschichte tatsächlich anzunehmen, deinen Frieden in dir zu machen ... ... Du gehst über die Steine im Fluss zum Wasserfall ... ... es gibt nichts mehr zu tun in der Vergangenheit ... ... Du verzichtest im Land der Träume auf Rache und Vergeltung ... ... Du verzichtest auf den Wunsch, die Vergangenheit ändern zu wollen ... ... Du änderst deine Gegenwart, indem du bestimmst, was in ihr noch sein und werden darf ... ... Du erreichst den Wasserfall und schaust dich um ... ... Die graue Gestalt am Ufer ist zu grauem Stein erstarrt und zerfällt im Wind der Zeit vor deinen Augen zu Staub ... ... Du gehst unter dem Wasserfall hindurch zurück in das Land der Träume und kommst in einem wunderschönen Tal an ... ...

Schritt in die Gegenwart. Du hörst das Wiehern von Pferden und siehst dich um ... ... Du entdeckst eine goldene Kutsche, die von sechs goldenen Pferden gezogen wird ... ... die Kutsche der inneren Freiheit ... ... Du begegnest ihr nur dann, wenn der richtige Augenblick gekommen ist, aus der Vergangenheit in die Gegenwart zu gehen ... ... in die einzige Zeit, die es wirklich gibt ... ... Die Pferde werden langsamer und die Kutsche hält an ... ... Nun ist es an der Zeit, einzusteigen ... ... Die Kutsche wartet auf dich ... ... Du steigst also in die Kutsche, die sofort losfährt ... ... Die Pferde laufen schneller und schneller und du schläfst ein ... ... und als du wieder wach wirst, ist die Kutsche verschwunden ... ... Du liegst auf einer Blumenwiese und kommst im Augenblick der Gegenwart an ... ...

Kreative Neuausrichtung. Du bleibst bequem liegen und schaust in den hellblauen Himmel ... ... Kleine weiße Wolken ziehen im Wind der Zeit und du fängst an zu träumen ... ... Du träumst einen schönen Tagtraum davon, wie du dein Leben ab sofort gestalten willst ... ... wer daran und darin teilhaben darf ... ... mit wem du einen schönen Kontakt pflegen willst und wer sich von dir entfernen soll ... ... Du stellst dir vor, wie es sein kann, sobald du ganz und gar die Kontrolle über dein Leben übernimmst ... ... über deine Gegenwart, die einzige Zeit, die es wirklich gibt ... ... Der Zukunft gehst du nur dann entgegen, wenn du die Gegenwart erlebst und gestaltest ... ... Du entwirfst ein schönes Bild von deiner selbstbestimmten Gegenwart und malst es in silbernen Farben in den Himmel ... ...

Selbstversöhnung. Dann hörst du Kinderstimmen, die glücklichen Kinder laufen über die Blumenwiese und ganz vorne läuft das Kind, das so aussieht wie du ... ... das Kind, das du selbst auch bist ... ... dein inneres Kind läuft vorneweg ... ... Es winkt dir zu und lacht ... ... Es freut sich, dass es nun so schnell wie alle anderen zum Horizont laufen kann ... ... denn dort beginnt deine Zukunft und Zukunft beginnt schon mit dem nächsten Wimpernschlag ... ... Das Lachen der glücklichen Kinder hallt durch das ganze Land und dein eigenes Lachen wird immer lauter ... ... und Schritt für Schritt, in deinem Tempo, in deiner Geschwindigkeit, gehst auch du deiner Zukunft entgegen ... ...

Achtsamkeit und Selbsttreue. Dann gehst du über die Blumenwiese und findest einen schönen Platz mit lauter roten Blumen ... ... Rosen ohne Dornen ... ... Mohnblumen, die rot leuchten ... ... und viele weitere Blumen in der Farbe Rot ... ... Die Farbe der Liebe von dir für dich ... ... Liebe von dir für dich ... ... Voller Vertrauen und Zuversicht legst du dich auf den warmen Boden ins Gras und fängst an zu träumen ... ... Und in der Ferne hörst du das Lachen der glücklichen Kinder im Wind ... ... Und weil du weißt, dass es deine eigenen Stimmen sind, die du hörst, hallt auch dein Lachen durch das Land der Träume ... ... Dann fällt dir wieder ein, dass das Land der Träume ganz tief in dir drin ist ... ... Dort war es schon immer ... ... Ich erzähle dir nur davon ... ...

[Genieße noch eine Weile die sanfte Ruhe und tauche ein in dein Gefühl. Lass es unverstellt und echt sein und schenke deinem eigenen Gefühl Achtsamkeit und Respekt, was auch immer du spürst. Lass deine Atmung bewusst werden. Mit dem Wind deines Atems kommst du zurück in deinen Körper. Werde dir deines Körpers bewusst und schenke auch ihm Achtsamkeit und Würdigung. Nimm Kontakt auf zu der Unterlage, auf der du liegst, und stell dich darauf ein, mit dem Gefühl, das dich nun begleitet, wach zu werden. Dein Körper wird aktiv und du wirst nun wieder wach. Öffne die Augen und sei wieder wach!]

Gewalt in der Kindheit

Fünfte Sitzung (Abschlussritual)

[Gewalt beherrschte einst dein Leben, doch aus diesem Leben hast du dich befreit. Du hast das schlechte Gewissen und die Schuldgefühle abgelegt, denn das waren niemals deine wahren Gefühle. Du weißt inzwischen und hast es tief in dir auch so verankert, dass du immer unschuldig warst. Du warst ein Kind und konntest nur unschuldig sein. Jetzt bist du frei, jetzt wird alles anders. Heute kannst du dein Leben selbstbestimmt gestalten, wirst gewaltvolle Übergriffe nicht mehr dulden, nicht körperliche Gewalt und auch seelische Gewalt wirst du nicht mehr hinnehmen. Du kannst dich wehren, denn heute bist du groß und erwachsen. Du weißt, dass niemand das Recht hat, dich zu schlagen oder dich zu quälen, dich zu bedrängen und zu belasten. Das Leben bringt viele Herausforderungen und damit auch immer wieder Zeiten der Belastungen und der Sorgen. Auch und gerade dann willst du aufmerksam bleiben und dich um dich selbst kümmern, damit auch dann niemand mehr zum Angreifer werden kann. Du gehst also heute noch einmal in das Land der Träume, um dafür zu sorgen, dass du immer deine wahren Gefühle spüren kannst, denn darauf kommt es an. Deine wahren Gefühle helfen dir, Gefahren zu erkennen, emotionale Angriffe und Übergriffe schneller wahrzunehmen und abzuwehren.]

Ankommen im Land der Träume. Ich lade dich zu einer besonderen Reise ein … … eine Reise durch deine Gedanken und Gefühle … … irgendwo in deiner Fantasie … … Doch Fantasie und Wirklichkeit sind nur einen Wimpernschlag voneinander entfernt … … nur einen einzigen Atemzug … … und jede Fantasie kann Wahrheit werden, wenn du es so willst … … Du stellst dich also darauf ein, ganz tief in deiner Fantasie und Kreativität eine neue Wahrheit in deinem Leben zu finden … … in einem Land, in dem alles möglich ist, was du dir erdenken und erträumen kannst … … in einem Land ganz tief in deinem Gefühl … … im Land der Träume, das es in jedem Menschen gibt … … mit nur einem Atemzug gelangst du dorthin … … Es ist soweit … … Du gehst in das Land der Träume … …

Distanzierung vom Bewussten. Du kommst auf einem breiten Weg an, irgendwo im Land der Träume ... ... Du hast die Ereignisse der Vergangenheit in den letzten Wochen betrachtet und vieles neu sortiert in deinem Innern, in der Welt deiner Gefühle ... ... Du stehst nun erneut im Land der Träume und schaust dich um ... ... Vielleicht erkennst du dieses Land sofort und siehst vor deinem inneren Auge immer wieder die gleiche Landschaft ... ... vielleicht verändert sie sich auch jedes Mal etwas ... ... Du veränderst dich ja auch, entwickelst dich weiter, siehst Dinge anders als früher ... ... So verändert sich das Land der Träume mit dir gemeinsam ... ... Du gehst los und kommst zu einem kleinen Fluss ... ... das Geräusch des Wassers lädt dich ein, am Fluss entlang zu gehen ... ...

Bewusstseinsreinigung. Du kommst zu einem kleinen Wasserfall ... ... Er bringt klares, reines Wasser in den Fluss ... ... und im Fluss liegen große flache Steine, die vom Ufer zum Wasserfall führen, sodass du trockenen Fußes dorthin gehen kannst ... ... Du gehst über die Steine zum Wasserfall, um deine Hände im kühlen Wasser zu waschen ... ... Du stehst auf einem dicken großen Stein direkt vor dem herabfließenden Wasser ... ... und plötzlich strahlt intensives, weißes Licht durch den Wasserfall ... ...Es leuchtet dir entgegen und lässt das herabströmende Wasser wunderschön glitzern und funkeln ... ... Du streckst die Hände durch den Wasserfall als wolltest du das Licht ergreifen ... ... und das Licht strömt durch deine Hände in deinen Körper, der anfängt, weiß zu leuchten ... ... Von dem weißen Licht erfasst, gehst du mit einem großen Schritt unter dem Wasserfall hindurch ... ...

Konfrontation und Klärung. Du kommst auf der anderen Seite an und stehst auch hier wieder auf einem breiten Weg ... ... Du folgst diesem Weg, weil du längst verstanden und selbst erfahren hast, dass der Weg im und durch das Land der Träume immer ein Weg zu dir ist ... ... Du kannst also immer nur den richtigen Weg gehen ... ... Du schaust dir die Landschaft abseits des Weges an und vielleicht gibt es dort Wiesen und Wälder ... ... Flüsse und Seen ... ... oder schöne Häuser ... ... und am Wegesrand entdeckst du drei große Steinplatten, die aussehen wie Gedenksteine ... ... Du gehst zu den steinernen Tafeln ... ... Die erste Steintafel hat eine ganz glatte Oberfläche, wie geschliffener Granit ... ... Du kannst dich darin spiegeln ... ... und in deinem Spiegelbild erinnerst du dich an eine Situation der letzten Wochen, in der du dich so richtig geärgert hast ... ... Du erinnerst dich an ein Ärgernis der letzten Wochen, siehst Bilder auf der Tafel, die dich daran erinnern, wie die Situation war ... ... Dann spürst du ganz tief in dich hinein, hinter den Ärger und nimmst deine Gefühle dort bewusst wahr ... ... vielleicht gibt es dahinter Enttäuschung ... ... oder Trauer ... ...oder ein anderes Gefühl, dass du jetzt fühlen kannst ... ... Der Ärger war echt, doch dieses andere Gefühl dahinter ist noch wichtiger, denn es ist dein wahres Gefühl ... ... Du wählst für das wahre Gefühl einen Begriff und schreibst ihn auf die Steintafel ... ... Das Bild der Erinnerung und diese Inschrift bleiben auf dem Gedenkstein für dich erhalten ... ... Dann gehst du zum nächsten Stein und schaust auch dort in dein Spiegelbild, das sich auf der blanken Oberfläche zeigt ... ... Du erinnerst dich an eine Situation der letzten Wochen, die dich so richtig gefreut hat ... ... Du siehst Bilder davon auf der steinernen Tafel, die sich dort eingravieren und du spürst in dich hinein ... ... Es gibt noch weitere Gefühle hinter der Freude ... ... vielleicht Erleichterung ... ... Genugtuung ... ... oder eben ein anderes Gefühl, das du jetzt deutlich fühlen kannst ... ... Welches Gefühl es auch sein mag, lass es zu und graviere es als Inschrift in den Stein ... ... Dann geh zu der dritten Steintafel ... ... Du siehst auch hier dein Spiegelbild und erinnerst dich an eine Situation der letzten Wochen, die dich verblüfft oder vollkommen überrascht hat ... ... Du fühltest dich vielleicht überrumpelt oder konntest gar kein Gefühl so richtig greifen ... ... Jetzt aber spürst du tief in dich hinein und fühlst, was du da gefühlt hast ... ... vielleicht Bedrängnis ... ... Unterdrückung ... ... oder aber spontane Erleichterung ... ... oder eben ein anderes Gefühl, das du jetzt auch greifen kannst ... ... Du gravierst einen Begriff für dein Gefühl mit dem Bild der Situation, die dich überrascht hat, in den Stein ... ...

Schritt in die Gegenwart. Du hörst das Wiehern von Pferden und siehst dich um ... ... Du entdeckst eine goldene Kutsche, die von sechs goldenen Pferden gezogen wird ... ... die Kutsche der inneren Freiheit ... ... Du begegnest ihr nur dann, wenn der richtige Augenblick gekommen ist, aus der Vergangenheit in die Gegenwart zu gehen ... ... in die einzige Zeit, die es wirklich gibt ... ... Die Pferde werden langsamer und die Kutsche hält an ... ... Nun ist es an der Zeit, einzusteigen ... ... Die Kutsche wartet auf dich ... ... Du steigst also in die Kutsche, die sofort losfährt ... ... Die Pferde laufen schneller und schneller und du schläfst ein ... ... und als du wieder wach wirst, ist die Kutsche verschwunden ... ... Du liegst auf einer Blumenwiese und kommst im Augenblick der Gegenwart an ... ...

Kreative Neuausrichtung. Du schaust über die Blumenwiese und siehst überall steinerne Tafeln ... ... Du gehst von Tafel zu Tafel und alle Steintafeln sind leer ... ... Sie warten darauf, mit Bildern und Eindrücken deines Alltages beschrieben zu werden ... ... Sie sind leer, weil dir kein Gefühl mehr vorgegeben wird ... ... So oft stand von vorneherein fest, was du fühlen solltest, doch jetzt ist alles offen ... ... und du selbst bist offen dafür, zu fühlen, was du wirklich fühlst ... ... zu denken, was du wirklich denkst ... ... zu sein, was du wirklich bist ... ...

Selbstversöhnung. Du suchst dein inneres Kind ... ... Du willst auch dem inneren Kind helfen, ganz und gar frei zu sein ... ... Du rufst seinen Namen, der dein eigener Name ist ... ... immer und immer wieder rufst du deinen eigenen Namen, weil du das Kind in dir suchst, um ihm zu helfen ... ... Du schaust in die Ferne um es zu entdecken ... ... Dann ziehen kleine Hände an deinen Händen ... ... Du schaust nach unten und siehst die Gruppe der glücklichen Kinder, die längst bei dir ist, doch dein inneres Kind ist nicht unter ihnen ... ... Die Kinder zeigen mit ihren kleinen Händen zum Horizont, in die aufgehende Sonne ... ... Du schaust zum Horizont und siehst dort die Silhouette einer erwachsenen Person ... ... Du erkennst in dieser Gestalt deine eigenen Konturen ... ... Und sofort wird dir klar, dass die Person am Horizont dein inneres Kind ist, das zur erwachsenen Person geworden ist, das groß geworden ist im Land der Träume ... ... Die glücklichen Kinder verabschieden sich von dir und laufen zum Horizont ... ... und mit jedem Schritt werden auch sie größer und kommen als erwachsene Personen am Horizont an ... ... Dein inneres Kind wirst du wiedersehen am Horizont ... ... vielleicht heute schon ... ... oder morgen ... ... oder an jedem Tag deines Lebens für einen kurzen Augenblick ... ...

Achtsamkeit und Selbsttreue. Dann gehst du über die Blumenwiese und findest einen schönen Platz mit lauter roten Blumen ... ... Rosen ohne Dornen ... ... Mohnblumen, die rot leuchten ... ... und viele weitere Blumen in der Farbe Rot ... ... Die Farbe der Liebe von dir für dich ... ... Liebe von dir für dich ... ... Voller Vertrauen und Zuversicht legst du dich auf den warmen Boden ins Gras und fängst an zu träumen ... ... Und in der Ferne hörst das Lachen der glücklichen Kinder im Wind ... ... Und weil du weißt, dass es deine eigenen Stimmen sind, die du hörst, hallt auch dein Lachen durch das Land der Träume ... ... Dann fällt dir wieder ein, dass das Land der Träume ganz tief in dir drin ist ... ... Dort war es schon immer ... ... Ich erzähle dir nur davon ... ...

[Genieße noch eine Weile die sanfte Ruhe und tauche ein in dein Gefühl. Lass es unverstellt und echt sein und schenke deinem eigenen Gefühl Achtsamkeit und Respekt, was auch immer du spürst. Lass deine Atmung bewusst werden. Mit dem Wind deines Atems kommst du zurück in deinen Körper. Werde dir deines Körpers bewusst und schenke auch ihm Achtsamkeit und Würdigung. Nimm Kontakt auf zu der Unterlage, auf der du liegst, und stell dich darauf ein, mit dem Gefühl, das dich nun begleitet, wach zu werden. Dein Körper wird aktiv und du wirst nun wieder wach. Öffne die Augen und sei wieder wach!]

Buchreihe: Im Land der Träume

Fantasiereisen für Erwachsene. Band 1 *ISBN: 978-3-7322-8620-1*
Selbstachtung und Selbstwertgefühl; Gewalt gegen die Mutter

Fantasiereisen für Erwachsene. Band 2 *ISBN: 978-3-7322-8627-0*
Psychosomatik; Panikanfälle

Fantasiereisen für Erwachsene. Band 3 *ISBN: 978-3-7322-8571-6*
Einschlafstörungen; Übergewicht und Essanfälle

Fantasiereisen für Erwachsene. Band 4 *ISBN: 978-3-7322-8572-3*
Sexueller Missbrauch durch Priester; Gewalt in der Kindheit

Fantasiereisen für Erwachsene. Band 5 *ISBN: 978-3-7322-8574-7*
Suchttendenzen (Alkohol); Angst beim Autofahren

Fantasiereisen für Erwachsene. Band 6 *ISBN: 978-3-7322-8581-5*
Burnout; Trauerbewältigung

Fantasiereisen für Erwachsene. Band 7 *ISBN: 978-3-7322-8605-8*
Prüfungsangst; Kontrollzwänge

Fantasiereisen für Erwachsene. Band 8 *ISBN: 978-3-7322-8608-9*
Ticstörungen; Schwangerschaftsabbruch

Fantasiereisen für Erwachsene. Band 9 *ISBN: 978-3-7322-8610-2*
Fehlgeburt; Flugangst

Fantasiereisen für Erwachsene. Band 10 *ISBN: 978-3-7322-8611-9*
Existenzangst; Hypochondrie

Weitere Fantasiereisen und Trancegeschichten

Wellen am Horizont. Trancegeschichten *ISBN: 978-3-8391-1394-3*
Trancegeschichten zu verschiedenen Themen

Heilsame Fantasien. Trancegeschichten *ISBN: 978-3-8391-0899-4*
Trancegeschichten zu verschiedenen Themen

Fang wieder an zu leben. Trancegeschichten *ISBN: 978-3-7322-4695-3*
Trancegeschichten zu Abbruch- und Umbruchsituationen

Spiegelbilder im See. Trancegeschichten *ISBN: 978-3-7322-9736-8*
Trancegeschichten zum Thema Beziehungen

Feuer am Wasserfall. Trancegeschichten *ISBN: 978-3-7322-9782-5*
Trancegeschichten zum Thema Gefühle und Stimmungslagen

Frieden mit dem inneren Kind. Trancegeschichten *ISBN: 978-3-7357-8853-5*
Trancegeschichten zur Vergangenheitsbewältigung mit dem inneren Kind

Im Land der Sternenkinder. Trancegeschichten *ISBN: 978-3-7322-8624-9*
Trancegeschichten für Eltern von Sternenkindern

Diesseits der Sternenbrücke. Trancegeschichten *ISBN: 978-3-7322-8623-2*
Trancegeschichten für Pflegekräfte

Buchreihe: Zehn Hypnosen

Zehn Hypnosen. Band 1: Raucherentwöhnung *ISBN: 978-3-8391-1838-2*

Zehn Hypnosen. Band 2: Angst und Unruhezustände *ISBN: 978-3-7322-4734-9*

Zehn Hypnosen. Band 3: Burn Out *ISBN: 978-3-7322-4717-2*

Zehn Hypnosen. Band 4: Übergewicht reduzieren *ISBN: 978-3-7322-4569-7*

Zehn Hypnosen. Band 5: Vergangenheitsbewältigung *ISBN: 978-3-7322-4719-6*

Zehn Hypnosen. Band 6: Suizidgedanken und Suizidversuche *ISBN: 978-3-7322-4722-6*

Zehn Hypnosen. Band 7: Psychoonkologie *ISBN: 978-3-7322-4725-7*

Zehn Hypnosen. Band 8: Zwänge und Tics *ISBN: 978-3-7322-4726-4*

Zehn Hypnosen. Band 9: Selbstvertrauen und Entscheidungen *ISBN: 978-3-7322-4727-1*

Zehn Hypnosen. Band 10: Trauerarbeit *ISBN: 978-3-7322-4729-5*

Zehn Hypnosen. Band 11: Psychosomatik *ISBN: 978-3-7322-8515-0*

Zehn Hypnosen. Band 12: Chronische Schmerzen *ISBN: 978-3-7322-8527-3*

Zehn Hypnosen. Band 13: Depressive Gedanken *ISBN: 978-3-7322-8528-0*

Zehn Hypnosen. Band 14: Panikanfälle *ISBN: ISBN: 978-3-7322-8533-4*

Zehn Hypnosen. Band 15: Gewalterfahrungen *ISBN: 978-3-7322-8535-9*

Zehn Hypnosen. Band 16: Posttraumatischer Stress *ISBN: 978-3-7322-8538-9*

Zehn Hypnosen. Band 17: Prüfungsangst und Lampenfieber *ISBN: 978-3-7322-8546-4*

Zehn Hypnosen. Band 18: Anti-Gewalt-Training *ISBN: 978-3-7322-8549-5*

Zehn Hypnosen. Band 19: Suchttendenzen *ISBN: 978-3-7322-8550-1*

Zehn Hypnosen. Band 20: Soziale Phobie und Kontaktangst *ISBN: 978-3-7322-8557-0*

Weitere Hypnosebücher

Die große Hypnosekartei. Textbausteine für Hypnosen *ISBN: 978-3-7322-8634-8*

Selbsthypnose. Das Praxisbuch *ISBN: 978-3-7322-4667-0*

Hypnose kreativ gestalten. Anleitungen für die Praxis *ISBN: 978-3-8448-0308-2*

Hypnosepraxis. Ein Leitfaden der Trancearbeit *ISBN: 978-3-8370-7629-5*

Reframing in Trance. Perspektiven mit Hypnose ändern *ISBN: 978-3-8370-7639-4*

Rückführungen. Leitfaden der Reinkarnationstherapie *ISBN: 978-3-8370-7642-4*

Der Hypnosebaukasten. Textbausteine und Anleitungen *ISBN: 978-3-8391-8109-6*

Grundkurs Hypnose *ISBN: 978-3-8391-0170-4*

Suggestionen richtig formulieren *ISBN 978-3-8370-9519-7*

Suggestionstexte und Hypnosevorlagen

Hypnosetexte 1. 50 ausformulierte Suggestionstexte für den Hypnosehauptteil *ISBN: 978-3-7322-4658-8*

Hypnosetexte 2. 50 ausformulierte Suggestionstexte für den Hypnosehauptteil *ISBN: 978-3-7322-4659-5*

Hypnosetexte 3. 50 ausformulierte Suggestionstexte für den Hypnosehauptteil *ISBN: 978-3-7322-4660-1*

Hypnosetexte 4. 50 ausformulierte Suggestionstexte für den Hypnosehauptteil *ISBN: 978-3-7322-4665-6*

Hypnosetexte 5. 50 ausformulierte Suggestionstexte für den Hypnosehauptteil *ISBN: 978-3-7322-8631-7*

Hypnosetexte 6. 50 ausformulierte Suggestionstexte für den Hypnosehauptteil *ISBN: 978-3-7322-8625-6*

Heilpraktikerbücher

Heilpraktiker für Psychotherapie. Prüfungswissen
ISBN: 978-3-8334-9867-1

Heilpraktiker für Psychotherapie. Die mündliche Prüfung
ISBN: 978-3-8334-9868-8

Heilpraktiker für Psychotherapie. Die schriftliche Prüfung
ISBN: 978-3-8370-0347-5

Heilpraktiker für Psychotherapie. 20 Fallbeispiele
ISBN: 978-3-8370-1090-0

Endlich Heilpraktiker. Die häufigsten Irrtümer in der Psychotherapieprüfung *ISBN: 978-3-8370-0329-1*

Übungsaufgaben Psychotherapie. Zur Vorbereitung auf den kleinen Heilpraktiker *ISBN: 978-3-8370-0683-4*

Crashtest Psychotherapie. Zur Vorbereitung auf den kleinen Heilpraktiker *ISBN: 978-3-8370-0709-1*

Spezialtest Psychotherapie. Für kleine und große Heilpraktiker *ISBN: 978-3-8370-5838-3*

Heilpraktikerprüfung Psychotherapie. 200 kommentierte Aufgaben *ISBN: 978-3-8370-6017-1*

Diagnosetraining Psychotherapie. Ein Arbeits- und Nachschlagebuch *ISBN: 978-3-8370-4281-8*

Psychotherapie. Der Fragenkatalog. Fachwissen Heilkunde
ISBN: 978-3-8370-5396-8